FACULTÉ DE DROIT DE PARIS

Thèse

POUR

LE DOCTORAT

PAR

ÉDOUARD BARBIER

AVOCAT A LA COUR IMPÉRIALE DE PARIS

PARIS

IMPRIMERIE DE J.-B. GROS

RUE DES NOYERS, 74

1855

FACULTÉ DE DROIT DE PARIS.

Thèse
POUR LE DOCTORAT.

De la publicienne. — Des Actions possessoires.

L'acte public sur les matières ci-après sera présenté
et soutenu
le mercredi 20 juin 1855, à 8 heures et demie

PAR

Édouard BARBIER,

AVOCAT A LA COUR IMPÉRIALE DE PARIS,
Né à Rennes (Ille-et-Vilaine).

Président : M. VUATRIN, professeur.

Suffragants :
- MM. PELLAT,
- BRAVARD,
- OUDOT,   } Professeurs.
- ROUSTAIN,   } Suppléant.

*Le candidat répondra en outre aux questions qui lui seront
faites sur les autres matières de l'enseignement.*

PARIS
IMPRIMERIE DE J.-B. GROS,
RUE DES NOYERS, 74.

1855.

A MON PÈRE, A MA MÈRE.

———

A MA SOEUR;

INTRODUCTION

De la Possession.

Suivant nous la propriété a son principe dans un droit antérieur et supérieur au droit positif. D'abord l'expérience, d'accord avec nos instincts, nous apprend que l'idée de propriété est un sentiment inné dans le cœur de l'homme. En second lieu, la propriété est le fondement de toute sociabilité durable et régularisée. Or, une chose apparaît évidente à tous les yeux, c'est que l'existence en société est une nécessité de la nature humaine, c'est que Dieu a voulu que dans l'état social seul l'homme pût arriver au développement complet de ses facultés intellectuelles et morales, à la plus grande garantie possible des biens que, d'un commun accord, on regarde comme les plus précieux, la liberté, l'égalité, la sûreté.

C'est en ce sens que nous donnons à la propriété la sanction théorique du droit naturel, prêt à reconnaître d'ailleurs que c'est le droit civil seul qui lui donne une sanction positive, et que, suivant l'expression de Bentham (p. 7 et 8), elle est au point de vue de son organisation uniquement l'ouvrage des lois.

La possession est le fait humain par lequel s'exerce cette loi de notre nature, par lequel se satisfait ce besoin d'appropriation individuelle que tout homme trouve en lui-même.

Elle apparaît seule à l'origine des sociétés. Conséquence d'un droit préexistant, elle se montre comme la cause génératrice de ce droit. Et les premiers jurisconsultes, voyant la propriété commencer par l'occupation, confondent le fait de la détention matérielle avec la propriété, proclament que la possession seule est ancienne ; que la propriété ne s'est établie que par une convention ; qu'elle n'est qu'une invention politique, une création arbitraire du législateur (1). Erreur grossière qui nous a été transmise par la philosophie matérialiste et qui a inspiré de nos jours tant de théories subversives de tout état social !

Comme c'est par la possession que la propriété s'exerce, se manifeste et s'incarne pour ainsi dire, il est rationnel d'admettre que la possession emporte avec elle une présomption de propriété en faveur du possesseur. La possession, simple fait dans l'origine,

(1) Tout le monde connaît cette fameuse comparaison que Cicéron avait empruntée aux Grecs et qui a servi de fondement au système de Locke et de Puffendorf. « Quemadmodum theatrum, cum commune sit, recte tamen dici potest ejus esse eum locum quem quisque occuparit, sic in urbe mondove communi non adversatur jus quominus suum quidque cujusque sit. »

devient ainsi un véritable droit donnant de nombreux et importants avantages. *Beati possidentes!* disaient nos anciens auteurs; et, pour justifier l'exclamation, ils ont compté jusqu'à soixante-douze avantages résultant de la possession.

Notre but, dans cette thèse, n'est point de traiter de la possession d'une façon générale, mais nous plaçant au point de vue tout spécial des actions que donne au possesseur la présomption de propriété qui s'attache à la possession, nous traiterons en droit romain de la publicienne et en droit français des actions possessoires.

L'action publicienne, au fond des choses, ne repose que sur une présomption légale, en vertu de laquelle le possesseur qui a bonne foi et juste titre est considéré comme propriétaire ; c'est cette même présomption de propriété qui est le fondement de nos actions possessoires en droit français. Les deux questions se lient donc intimement : elles ont pour fondement une même idée.

Les interdits romains qu'on rattache ordinairement à nos actions possessoires, n'ont rien de commun, si ce n'est leur application respective à la possession. Mais il n'y a aucun rapport ni dans leurs principes, ni dans leurs conditions d'exercice. Dans le droit romain, dans les interdits, c'est l'idée de trouble, de spoliation qui domine. La possession dont on tient compte n'a rien de commun avec la propriété. « Nil « commune habet proprietas cum possessione »

(L. 12, Ulp. de acquir. poss.). Une possession d'un jour, un fait isolé suffit pour donner naissance à l'interdit ; la possession n'est qu'un pur fait, et les interdits qui la garantissent sont personnels.

Dans notre droit, dans nos actions possessoires, l'idée qui a préoccupé le législateur, c'est la présomption de propriété. La possession requise pour l'exercice des actions possessoires doit donc présenter une durée raisonnable, certains caractères de garantie. A ces conditions, le possesseur aura un droit actuel, plein et absolu, un véritable droit qui est l'image de celui du propriétaire, qui a la même nature que le droit de propriété ; sa possession constituera un droit réel, et les actions possessoires qui la protégent et la vivifient seront des actions réelles.

DROIT ROMAIN

DE LA PUBLICIENNE.

SECTION PREMIÈRE.

1. La publicienne est une action réelle fictice par laquelle le préteur est venu au secours de celui qui, étant en position d'arriver à l'usucapion d'une chose, en perd la possession avant que la condition de temps requise pour cette usucapion soit accomplie.

La formule de cette action suppose que le demandeur a possédé le temps voulu, et, partant de ce point, elle charge le juge d'examiner si du reste ce demandeur réunit les conditions exigées pour devenir propriétaire *ex jure quiritium*. « *Judex esto :* « *si quem hominem Aulus Agerius emit, et is ei tra-* « *ditus est, anno possedisset, tum si eum hominem, de* « *quo agitur, ejus ex jure quiritium esse oporteret.* »

2. On a soutenu que l'origine de la publicienne

se réfère à l'existence de deux sortes de propriétés, le domaine quiritaire et l'*in bonis*. La publicienne aurait été créée pour venir au secours de celui qui, ayant reçu par tradition *a domino* une chose *mancipi*, venait à en perdre la possession. Cet ex-possesseur ne pouvait intenter une action civile (*intendere rem suam esse ex jure quiritium*). On lui donna la publicienne. — Ce système n'a rien d'invraisemblable, mais nous le repousserons comme tout à fait conjectural. Dès la loi des XII Tables, nous trouvons la nécessité de la bonne foi (Gaius, II, 45), c'est-à-dire l'application de la publicienne au cas de tradition faite *a non domino*, car il n'y a que dans ce cas qu'on ait à se préoccuper de la *bona fides* du possesseur. — Que se passait-il avant la loi des XII Tables? Dans l'obscurité complète du droit antérieur, on peut faire toutes les conjectures possibles.

SECTION II.

Conditions requises pour l'exercice de la publicienne.

3. Ces conditions sont au nombre de quatre : il faut 1° avoir été possesseur ; 2° l'avoir été *ex juxta causa* ; 3° être de bonne foi ; 4° demander une chose susceptible d'usucapion.

§ 1er. *De la nécessité de la possession dans l'action publicienne.*

4. Le demandeur doit avoir eu la possession de la chose. Nous lisons à la loi 1 *de pub. in rem act :*

« *Ait prætor : si quis id quod traditur ex justa causa non a domino, et nondum usucaptum petet, judicium dabo.* » Et la loi 7, § 16, est plus formelle encore : « *Ante traditionem quamvis bonæ fidei quis emptor sit, experiri publiciana non poterit.*

La fiction même sur laquelle se fonde la publicienne, est une preuve du point que nous avançons. Gaius nous dit en parlant de la publicienne (IV, 36): « *Fingitur rem usucepisse et ita quasi ex jure quiritium dominus factus esset* » Et le § 4 de *act.* des Instituts de Justinien porte : *Inventa est a prætore actio in qua dicit is qui possessionem amisit eam rem se usucepisse, et ita vindicat suam esse.* » La base de la publicienne est donc une usucapion tenue pour accomplie. « *Actionis hujus fundamentum est fictum dominium,* dit Voët. — Or, l'usucapion ne peut pas commencer sans la possession. « *Sine possessione usucapio contingere non potest.* » (L. 25 de *usurp. et usuc.* — Lecinius Rufus.) — Gaius, II, 41-43).

5. Contrairement à notre opinion, certains auteurs, Schulting, Noodt (*Com. ad h. t.*), Vinnius (*Select. quest.* Liv. 1. Ch. 27), pensent que dans les cas où, sans avoir pris possession, vous auriez acquis la propriété et auriez eu droit à la revendication, si votre auteur eût été propriétaire, vous aurez également, sans être entré en possession, droit à l'action publicienne, si votre auteur n'étant pas propriétaire, vous l'avez cru tel.

Jusqu'à un certain point il est possible de repousser l'argument que nous avons tiré en faveur de notre opinion de la loi 7, §. 16. *h. t.* L'achat sans la tradition ne peut pas transférer la propriété ; il est donc tout simple, dit-on, que la publicienne ne compète pas à qui n'a point encore reçu tradition de la chose achetée. La décision de cette loi n'infirme donc en rien l'opinion qui admet la publicienne dans les cas où l'on peut devenir propriétaire sans le secours de la tradition.

Mais que peut-on répondre au texte de l'édit, à la formule de l'action, aux raisons tirées des principes de droit sur lesquels repose cette action ? — Absolument rien.

On invoque le § 2 de la loi 1, *h. t.*, qui nous parle du legs. Mais ce § ne doit pas être séparé de la loi 2, dans laquelle on lit : « *Amissa possessione competit publiciana.* »

On argumente des mots *non admissus* de la loi 18, § 15, *de damno infecto.* — Mais on oublie que la loi parle précisément de quelqu'un qui avait déjà commencé à posséder, *cœperat possidere,* que l'interdit *unde vi* qui est donné par cette même loi, en même temps que la publicienne, exige formellement qu'on ait déjà possédé. —Enfin la loi 3, § 13, *de vi,* appelle *non admissus,* celui qui a été empêché non pas d'entrer, mais de rentrer dans le fonds. C'est donc en ce même sens qu'il faut prendre ces mots dans la loi 18, § 15, *de damn. infect.*

On cite la loi 15 de notre titre. — Nous répondons avec Cujas que Pomponius n'entend parler dans cette loi que de la détention naturelle de la chose, détention que le maître de l'esclave en fuite ne peut pas avoir par suite de l'éloignement de celui-ci. La loi 1, § 4, *de adq. vel amitt. poss.* prouve qu'on peut posséder par l'esclave qui s'est enfui, tant qu'il n'est pas possédé par un autre, et Paul ajoute qu'il a été admis *utilitatis causa* que l'on acquiert par lui la possession et l'usucapion des choses. — Dans l'espèce de la loi 15 *h. t.*, le maître a la publicienne parce qu'il possède par son esclave et la loi n'a d'autre but que de proclamer cette possession possible pour lui, alors même qu'à raison de l'éloignement de l'esclave il n'aurait pas la détention naturelle de la chose, alors même que la chose n'aurait encore passé que par les mains de son esclave et non par les siennes. — Cette loi 15 n'est qu'une application de ce principe de Paul : « *Possessionem adquirimus animo et corpore, animo utique nostro, corpore autem alieno.* »

Invoquera-t-on avec Vinnius la loi 12, § 1, *h. t.*? Cette loi décide, il est vrai, que celui à qui une hérédité a été restituée en vertu du S. C. Trébellien, peut employer la publicienne bien qu'il n'ait pas eu la possession. — Mais ce n'est là que la conséquence de cette règle générale proclamée dans la loi 7, § 9, *h. t.* : « *Hæc actio et heredi et honorariis successoribus competit.* » Si le défunt était en voie d'usucaper et avait droit à la publicienne, le successeur prétorien,

2
3
4

le fidéicommissaire auquel l'hérédité a été restituée par l'héritier aura droit à cette même action. Voilà tout ce que décide la loi 12, § 1, *h. t.*

S'appuiera-t-on sur le § 6 de la loi 9, *h. t.*, qui accorde l'action publicienne à l'héritier pour recouvrer la chose achetée, possédée, puis perdue, pendant que l'hérédité était jacente, par un des esclaves héréditaires? Fera-t-on ressortir que les habitants d'un municipe à l'esclave desquels une chose a été livrée, peuvent aussi employer cette action quoique les municipes ne possèdent pas? (L. 9. § 6., *h. t.*, n°11).

Nous répondrons que l'action publicienne n'a été étendue à ces hypothèses que parce que l'usucapion avait été admise dans le même cas *jure singulari*. (Papin., l. 44, § 3. *de usurp. et usucap.* —Paul, l. 1, § 22, *de adq. vel amitt. poss.*). Loin de prouver entre la publicienne et l'usucapion cette dissemblance qu'on cherche à établir, le § 6 de la loi 9 nous les montre soumises à des phases communes, et toujours étroitement unies. S'il y a donc à argumenter de cette loi, c'est en faveur de notre opinion.

6. M. de Savigny prétend que la publicienne n'est point un effet de la possession, mais l'effet d'une présomption légale en vertu de laquelle le possesseur qui a bonne foi et juste titre est considéré comme propriétaire.

Mais quelle est cette présomption légale? Il est évident qu'elle-même est un effet de la possession, qu'elle n'est que la présomption naturelle qui s'attache à la possession, signe ordinaire de la propriété.

7. La possession se compose de deux éléments : de la détention de la chose (*corpus*) et de l'intention de posséder comme propriétaire (*animus*). « *Et adipiscimur possessionem*, dit Paul, *corpore et animo, neque per se animo aut corpore* (l. 3; § 1, *de adq. vel amitt. poss.*).

L'intention seule de posséder une chose ne suffirait pas. Si quelques textes disent que la possession s'acquiert *nuda voluntate, solo amino*, ces expressions se rapportent à des cas où la détention corporelle a préexisté. C'est ainsi que le dépositaire et le commodataire qui ont seulement la chose *in possessione* commencent à la posséder si, par suite d'une vente, ils ont l'intention de la détenir désormais comme maîtres (l. 9, § 1, 2, *h. t.*).

D'un autre côté, cette détention corporelle de la chose n'est qu'un fait sans importance tant qu'il n'est pas la réalisation de l'intention de posséder pour soi. « *Qui nescit non possidet.* » (l. 3, § 3, *de adq. vel amitt. poss.*).

8. On peut acquérir la posssession soit par soi-même, soit par un tiers à la détention duquel on vient joindre son intention de posséder. « *Cæterum animo nostro, corpore etiam alieno possidemus.* » (l. 3, § 12, *de adq. poss*).

Ainsi 1° on acquiert par le fait de ses esclaves, de ses fils de famille, par le fait de tous ceux que l'on a *in potestate*. Mais c'est une question de savoir si on acquiert la possession par le fait des personnes que l'on a *in manu, in mancipio.* (Gaius, II. 90). — On l'acquiert par le fait de ceux dont on a seulement l'usufruit ou la possession de bonne foi, quand la chose qu'ils détiennent provient *ex re nostra* ou *ex operis corum*, c'est, par exemple, une chose qui leur a été remise comme prix du louage de leurs services.

2° On l'acquiert par le fait des personnes libres, par son procureur, par son mandataire. Des raisons d'utilité publique ont fini par faire admettre cette acquisition de la possession *per extraneam personam* (l. 51, *de adq. poss.*; l. 41, *de usurp.*).

9. Seulement dans tous ces cas il faut l'*animus* de celui pour le compte duquel ces tiers détiennent. Si le maître acquiert la possession par son esclave, c'est parce qu'il avait donné antérieurement des ordres à cet esclave, ou parce qu'il ratifie ce qu'il a fait.

Tout ce que celui qui est en puissance voudrait acquérir en son nom à lui est, nonobstant sa volonté, acquis à celui qui exerce la puissance, à moins toutefois qu'il ne s'agisse d'un fils de famille qui acquiert dans les limites du pécule militaire ou adventice, ou à moins encore que la personne qui est sous puissance ne veuille acquérir pour une tierce personne libre. « *Nam si jubeas servum tuum possidere, et is eo nomine intret in possessionem ut nolit tibi sed potius Titio adquirere, non est tibi acquisita possessio.* » L. I, § 19. *de adq. poss.*).

Toutefois cette dernière règle que le représentant doit avoir eu l'intention d'acquérir au profit du représenté pour que la possession soit acquise à celui-ci, souffre exception lorsque la volonté du transmettant est que la possession soit acquise au représenté. Cette volonté du *tradens* domine tout l'acte, et peu importe dès lors que le représentant ait voulu acquérir la possession pour lui-même ou pour une tierce personne. (L. 13, *de donat.*).

10. Pour acquérir la possession il faut avoir la volonté de l'acquérir.

C'est pourquoi le furieux et le pupille, s'il n'a encore aucun entendement, sont incapables d'acquérir la possession par eux-mêmes. Mais ils l'acquièrent par les tuteurs et curateurs (l. 1, § 3, *de adq. poss.*).

Quant au pupille qui a l'intelligence de ce qu'il fait, il peut acquérir la possession par lui-même avec l'autorité de son tuteur. Et il n'est pas moins vrai qu'il peut l'acquérir par lui-même sans l'autorité du tuteur. La loi 1, § 3, *de adq. vel amitt. poss.*, ne distingue pas, en effet, s'il a dépassé l'enfance ou non ; elle requiert seulement qu'il ait le sentiment de ce qu'il fait (l. 32, § 2, *de adq. poss.*).

Par exception au principe que pour acquérir la possession il faut la volonté de l'acquérir, on admit que le père de famille pourrait acquérir à son insu la possession des choses qui seraient livrées à son esclave *peculiari nomine*, ou à son fils *ex re patris* dans les limites du pécule profectice. — On regarda comme suffisante pour la possession de chacune des choses de ces pécules la volonté générale que le père de famille avait manifestée une fois pour toutes quand il avait permis à l'esclave d'avoir un pécule. « *Nostra voluntate intelliguntur possidere qui eis peculium habere permisimus* (l. 1, §. 15, *de adq. poss.*). — Toutefois, lorsque la possession a été acquise par un délit, le maître n'est pas censé posséder sans qu'il ait donné ordre, ou ratifié le fait de l'esclave. Aux termes de la loi 24, *de adq. vel amitt. poss.*, la possession acquise par l'esclave *ex maleficiis* n'est pas acquise *peculii causa*.

La raison sur laquelle est fondée cette exception, à savoir que la concession du pécule renferme implicitement un mandat général, nous porte à croire que le mandataire général qui acquiert une chose dans les limites de son mandat, acquiert par là même la possession de cette chose au mandant, celui-ci n'eût-il aucune connaissance du fait de l'appréhension (l. 42, §. 1, *de adq. poss.*).

11. Cette première dérogation à la rigueur du droit en amena une seconde. On finit par admettre exceptionnellement, *jure singulari*, la possibilité de l'acquisition de la possession pour les personnes morales ou juridiques, bien que ces personnes ne puissent pas vouloir.

L'hérédité jacente pût posséder les choses que l'esclave héréditaire qui avait un pécule avait reçues *ex
causa peculii,* et l'héritier, en faisant adition, trouva
l'usucapion achevée ou commencée, et par suite
le droit à la publicienne en cas de perte de la possession.

Relativement aux choses livrées à l'esclave héréditaire *extra causam peculii,* on resta dans les termes
du droit commun. La possession ne commença pour
le maître qu'à partir du moment où il avait témoigné
la volonté de l'acquérir en faisant adition d'hérédité
et en ratifiant l'acquisition de l'esclave.

Les corporations, les universalités, les habitants
d'une ville purent également acquérir la possession
par leurs esclaves *peculii nomine.* Nous déduisons
cette dernière proposition d'abord de la loi 10 de
notre titre que nous rapportons uniquement à la dernière phrase du §. 6 de la loi 9, ensuite de la loi 2,
de adq. vel amitt. poss., qui dit que les municipes peuvent acquérir la possession par des personnes libres,
par leurs administrateurs, par les mandataires de ceux-
ci ; c'est donc aussi qu'ils peuvent acquérir par leurs
esclaves sur l'ordre de ces mêmes administrateurs.

12. De même que nous acquérons la possession en
ayant la détention matérielle d'une chose jointe à l'intention de la posséder comme propriétaire, de même
nous la perdons quand il nous manque soit le fait, soit
l'intention de posséder.

La possession cesse *animo et corpore* par la tradition, quand nous livrons une chose avec l'intention de ne plus la posséder comme propriétaire (Pomp. l. 1, 33. — Celse, l. 18, §. 2, *de adq. poss.*). — Et quand même la tradition serait faite à un incapable, la possession n'en serait pas moins perdue, parce que la volonté formelle de l'abdiquer a accompagné le dessaisissement (l. 18, 1, *de adq. poss.*). Le pupille ne peut pas transférer la possession sans l'autorité de son tuteur, parce que s'il peut donner la détention matérielle, il n'a pas un jugement assez formé pour consentir valablement à perdre la possession (l. 29, *de adq. poss.* — l. 11, *de adq. rer. dom.*). — Nous perdons aussi *animo et corpore* la possession d'une chose quand nous abandonnons cette chose avec l'intention de ne plus la garder.

Nous perdons la possession *corpore solo*, non pas par cela seul que nous cessons de garder la chose, mais quand, d'une manière ou d'une autre, elle est entièrement soustraite à notre puissance (L. 3, § 17, *de poss. adq.* — L. 1, § 24, *de vi.* — L. 3, § 8, *de adq. poss.*). Toutefois on n'exige pas que le possesseur reste continuellement, sentinelle infatigable, à veiller sur sa chose, sans la quitter un instant : quand même il s'absenterait, il est toujours présumé avoir cette chose à sa disposition; c'est en ce sens que la possession se conserve *animo tantum* (C. 1. 4, *de poss.* Diocl. et Max. — Paul, l. 3, § 11, *de adq. poss.*).

Cette volonté de posséder se présume tant que le possesseur n'a pas formellement exprimé une volonté contraire. La continuation de la possession étant l'état normal des choses, une volonté formelle de posséder n'est nécessaire qu'au commencement de la possession. Il y a plus, si un tiers profitant de l'absence du possesseur s'empare de la chose, les jurisconsultes romains finissent par admettre, du moins en ce qui concerne la possession des immeubles, que même après l'occupation du fonds par ce tiers, le possesseur absent conserve la possession tout le temps qu'il ignore l'établissement du tiers sur son héritage. (L. 3, § 7; l. 7; l. 46; l. 6, § 1; l. 18, § 3, *de poss. adq.*) — Nous perdons la possession par la seule intention, quand nous avons manifesté la volonté formelle de ne plus posséder, par exemple, si nous vendons la chose, et si nous la conservons ensuite en qualité de locataires ou de fermiers (L. 3, § 6; — l. 17, § 1, *de adq. poss.* — L. 77, *de rei vind.*). Les fous, les pupilles non autorisés ne peuvent perdre la possession *animo tantum;* leur volonté n'est pas considérée comme sérieuse (L. 27, l. 29, *de poss.*).

Les régles que nous venons d'exposer s'appliquent spécialement aux immeubles. Quant aux meubles, nous en perdons la possession dès qu'un tiers s'en empare; s'il s'agit d'animaux, dès qu'ils se sont échappés de manière à se soustraire complétement à notre pouvoir, quand même personne ne les aurait pris; et en général toutes les fois que l'objet est perdu de manière que nous ne puissions plus le retrouver.

(Gaius, l. 15, *de adq poss.* — Paul, l. 3, § 13 à 16.
— Pomp., l. 25, pr. *de adq. poss.*)

13. Pour qu'une chose soit susceptible d'être possédée, il faut qu'elle soit dans le commerce, ou qu'on pense qu'elle est dans le commerce, et en second lieu, qu'elle soit corporelle.

Les choses incorporelles ne sont pas susceptibles d'une possession proprement dite. Rigoureusement le fait matériel de la possession ne peut s'appliquer à un droit. — Toutefois à l'égard de certains droits, droits d'usufruit, de servitudes rurales ou urbaines, le droit prétorien admit une *quasi possessio* répondant au droit d'usufruit ou de servitude comme la possession répond au droit de propriété, consistant dans l'exercice de ces droits d'usufruit, de servitudes, comme la possession consiste dans l'exercice du droit de propriété.

Et cette possession improprement dite puisqu'elle s'applique à un droit, chose incorporelle, cette *quasi possessio* put aussi bien que la véritable possession (*possessio corporis*) servir de fondement à l'action publicienne (L. 11, § 2, *h. t.*).

§ 2. *Il faut que la tradition ait été faite ex justa causa.*

14. Quelques auteurs, s'appuyant sur les mots *ex justa causa petet* du § 1 de la loi 2 *h. t.*, ont soutenu que c'était la demande et non la tradition qui devait être fondée sur une juste cause, mais évi-

demment Ulpien ne fait là qu'une citation tronquée. Il commente, il ne rappelle que les mots qu'il va commenter. Mais ces mots doivent toujours être entendus dans le sens qu'ils ont dans l'édit pris tout entier. Ce sens n'est pas douteux dans le *principium* de la loi 1, pas plus que dans le commentaire qu'Ulpien fait lui-même de ce § 1 de la loi 3 : « *Qui igitur justam causam traditionis habet utitur publiciana;* pas plus que dans Gaius (IV, 36) : « *Datur autem hœc actio ei qui ex justa causa traditam sibi rem nondum usucepit eamque amissa possessione petit.* »

15. Une juste cause est un fait, une circonstance dénotant l'intention de transférer la propriété.

Comme règle générale, nous pouvons poser que la publicienne compète pour toutes les causes en vertu desquelles nous aurions acquis la propriété, si la chose eut été *nec mancipi* ou eût appartenu à celui de qui nous l'avons reçue (L. 13, *h. t.*).

16. Ainsi la tradition que l'un des époux fera pour cause de donation, à son époux, ne donnera pas la publicienne, parce qu'entre époux la propriété ne se tranfère pas *donationis causa* (L. 12, *h. t.*). — Mais la tradition faite pour cette même cause, entre fiancés, vaudra pour la publicienne, car les donations ne sont point interdites entre fiancés. — Ainsi la tradition et l'usucapion serviront de titres à la publicienne. — Ainsi le legs, si, de bonne foi, le légataire s'est mis en possession de la chose qui lui a été livrée *a non domino*.

17. La donation à cause de mort n'est point un moyen d'acquérir, mais elle constitue une juste cause à l'effet d'acquérir, indiquant l'intention d'aliéner quand il y a eu tradition. Toutefois, remarquons qu'il y a deux espèces de donations à cause de mort : *La donatio pura quæ sub conditione resolvitur*, et la donation à cause de mort sous condition suspensive, et qu'entre ces deux donations il faut distinguer, quant au moment auquel existe la juste cause. Le donataire sous condition suspensive n'est investi de la propriété qu'au jour de la mort du donateur ; par suite, il ne peut posséder utilement pour la publicienne, pendant la vie du donateur, si la chose d'autrui lui a été livrée, car il n'y a pas juste cause. Le donataire sous condition résolutoire a, au contraire, une juste cause qui produit immédiatement ses effets par suite de la tradition de la chose donnée, et qui, dans le droit anté-justinien, les produisait seulement au moment où le donataire avait pris possession de la chose après la mort du donateur, si la mancipation, par laquelle la donation s'était faite, ne renfermait pas la tradition.

18. La tradition d'une chose *dotis nomine* est une juste cause. Peu importe que la chose reçue ait été estimée ou non ; seulement s'il y a eu estimation, le mari possédera *pro emptore*. La possession *pro dote* n'a lieu qu'entre ceux entre lesquels il existe un mariage valable ; elle ne court donc pas avant le mariage. Cependant, avant le mariage, le fiancé peut

usucaper la chose *pro suo.* Il suffit pour cela que la chose lui ait été livrée par sa fiancée avec l'intention que la chose lui appartiendrait immédiatement. Dans le doute, il faut supposer l'existence de cette intention. — On dit qu'on possède *pro suo* quand la cause d'acquisition, bien que juste, n'a pas de dénomination propre.

19. Il y a une juste cause dans la tradition faite *ex causa judicati.*

Mais dans quel cas un jugement peut-il être une juste cause de tradition ? Est-ce dans tout jugement ? Est-ce seulement dans certains jugements ?

Bien des systèmes se sont produits à cet égard. Nous croyons, quant à nous, qu'il est impossible de soutenir d'une façon générale que le jugement constitue une juste cause ; et cela, d'abord parce que le jugement est déclaratif et non translatif de droit ; ensuite parce qu'il n'y a de juste cause que dans un fait qui met hors de doute, de la part de celui qui livre une chose, l'intention d'en transférer la propriété, en même temps qu'il en transfère la possession. Eh bien ! où trouver dans un jugement un fait qui ait ce caractère ? Peut-on supposer au juge l'intention d'attribuer éventuellement la propriété au demandeur pour le cas où il se serait trompé en pensant que cette propriété lui appartient déjà ? — Peut-on prêter au défendeur qui n'agit que par l'ordre du juge, ou par autorité de justice, *manu militari,* l'intention bénévole de transférer la propriété au demandeur?

L'argument que l'on tire de la loi 33, § 3, *de usurp. et usucap.*, à l'appui du système que nous combattons, se réfute par cette loi même.

Le possesseur attaqué par la revendication cède son fonds. Il reconnaît donc le droit de son adversaire ; il ne veut donc pas lui transférer un droit : et pourtant le demandeur trouve là une juste cause d'usucapion.

Pourquoi cette cause n'existerait-elle pas aussi dans le cas du défendeur qui restitue la possession au demandeur reconnu propriétaire par jugement?

Nous répondons que dans la loi citée, rien n'indique que le défendeur fasse la cession parce qu'il reconnaît le droit de son adversaire. Il peut bien, tout en continuant de croire à son propre droit, en faire l'abandon pour éviter un procès ; il peut bien vouloir acheter la paix au prix de la translation de sa propriété. Et ce qui semble prouver que tel est le sens des mots *cedere possessione*, c'est le second exemple du texte dans lequel les mêmes mots *cedere possessione* sont suivis de ceux-ci *si solvendi causa id fecerit ;* car il n'y a qu'une translation de propriété pour acquitter (*solvere*) une obligation contractée par stipulation.

Mais s'il n'y a que certaines hypothèses dans lesquelles le jugement constitue une juste cause, quelles sont ces hypothèses?

On a cru les trouver dans tous les cas où dans l'action réelle le défendeur faute de restitution est condamné à l'estimation de la chose, et dans les actions personnelles qui toutes donnent lieu à une condamnation pécuniaire. On peut supposer que le défendeur a payé avec des écus qui ne lui appartenaient pas, ou a donné en paiement, du consentement du demandeur, une chose qui n'était pas à lui. Ce demandeur de bonne foi peut usucaper, et il usucapera, dit-on, au titre *pro judicato*.

Une telle explication ne nous satisfait guère, car elle ne repose sur rien, ou plutôt elle repose sur une base fausse. Le paiement du demandeur est fait pour acquitter une obligation, il constitue donc le titre *pro soluto*. Sans doute il est fait pour obéir à un jugement. Mais qu'importe? Rien n'autorise à distinguer entre le paiement fait par suite d'un jugement et le paiement ordinaire quant à la nature du titre de possession. — L'argument qu'on veut tirer du rapprochement que Tribonien fait de la *causa judicati* du paiement fait *solvendi causa*, et du cas analogue de l'abandon noxal, est sans valeur. Ce n'est pas sur un accident de rédaction qu'on peut bâtir un système qui est le renversement d'un principe.

Comment donc expliquer ces termes si positifs de notre titre : « Il y a une juste cause pour la publicienne dans la tradition faite *ex causa judicati* ? » Où trouver des actions dans lesquelles la tradition est faite par l'ordre seul du juge et non en vertu d'une cause antérieure dont la sentence du juge ne fait que déclarer l'existence?

Peut-être dans quelques actions personnelles de bonne foi comme l'action *empti*? Peut-être aussi dans quelques actions personnelles arbitraires comme les actions *quod metus causa* et *de dolo*?

Dans ces actions, le juge après avoir reconnu et déclaré que le défendeur était obligé à transférer la propriété d'une chose (*dare* ou au moins *tradere*), lui ordonnait d'exécuter l'obligation et ne prononçait de condamnation qu'au cas où le défendeur n'avait pas voulu exécuter l'ordre qu'il avait rendu en vertu de son *arbitrium* ou en vertu du pouvoir qu'il avait de se livrer dans les actions de bonne foi à des appréciations étendues *ex œquo et bono*. Si donc dans ces circonstances le défendeur faisait tradition de la chose qu'il était déclaré devoir afin de prévenir par là la condamnation pécuniaire dont le juge le menaçait, il semble bien que le demandeur va commencer à posséder *ex causa judicati* et dès lors qu'il pourra usucaper et par conséquent intenter la publicienne au titre *pro judicato*.

Telle est, suivant M. Pellat (voir son commentaire sur la publicienne, loi 5, page 480) l'explication la plus probable de ces mots de notre titre. *Item si res ex causa judicati sit tradita.*

Toutefois, il faut le reconnaître, cette interpréta-tion de notre texte a le grand inconvénient de réduire à des cas d'application très-peu nombreux une cause de publicienne que le législateur nous présente comme une cause très-générale.

20. Il y a juste cause dans la tradition faite *solvendi causa*, peu importe qu'on ait livré la chose même qui était due, ou une autre agréée en remplacement par le créancier, — peu importe également que la créance ait existé ou non, pourvu qu'on ait cru à son existence (Hermog, l. 46, *de usurp.* — Pomp., l. 3, *pro suo*).

21. L'acheteur de bonne foi a une juste cause de possession; mais la vente offre cette particu-larité qu'il faut que l'achat en vertu duquel se fait la tradition ait véritablement existé (l. 2, *pro empt.*).

Cette différence dans la règle de droit avait amené une différence dans l'expression. La tradition faite par le vendeur à l'acheteur constituait une possession dite *pro emptore;* la tradition faite par tout autre dé-biteur pour acquitter son obligation constituait la possession *pro soluto*. — L'histoire du droit seule nous paraît pouvoir expliquer cette anomalie : dans le principe, la vente n'a pas été un mode de contrac-ter des obligations, mais un mode de translation de propriété pour les deux parties. La vente *venumdatio* se faisait alors par la mancipation. La mancipation transfère la propriété sans la tradition. Donc la tradition faite en vertu d'une vente au lieu de constituer un paiement, un titre *pro soluto*, comme la tradition faite en vertu d'une stipulation, n'a d'autre but que de remettre à l'acheteur la possession d'une chose qui lui appartient déjà. Dès lors, pour que l'acheteur puisse invoquer une juste cause, c'est-à-dire un fait dénotant l'intention de transférer la propriété, n'est-il pas naturel d'exiger que la vente (la mancipation qui a transféré la propriété) ait réellement existé.

Dans la section de notre thèse qui s'occupe de la bonne foi, nous reviendrons sur ce caractère primitif de la vente qui explique encore, selon nous, une particularité de ce contrat, l'obligation d'être de bonne foi et au moment de la tradition et au moment de l'achat.

21. L'édit n'exige pas que l'acheteur ait payé le prix pour posséder utilement pour la publicienne. D'où il semble, dit Gaïus, que la pensée du préteur n'est pas qu'on doive examiner si le prix a été payé.

Mais était-ce la décision à laquelle il s'arrêtait? Nous avons peine à le croire. Il y a une foule de textes dans lesquels, pour savoir si l'on peut donner la publicienne, on demande si le prix a été payé (Ulp., l. 72, *de rei vend.* — l. 4, § 32, *de dolo malo.* — l. 2, *de except. rei vend.*). Or, les jurisconsultes romains ne rapportent pas ordinairement des circonstances inutiles dans la position de leurs espèces. — De plus pour posséder pour l'usucapion et la publicienne, il faut, comme nous l'avons dit tout à l'heure, en acquérant la possession avoir cru devenir propriétaire. Or, le paiement du prix est exigé dans la vente pour la translation de la propriété (Pomp., l. 19, *de contrah. emp.* — Gaius, l. 53, *eod.*). — Que si l'acheteur qui n'a pas payé a cru néanmoins avoir fait ce qu'il fallait pour devenir propriétaire, il a commis une erreur de droit qui ne peut servir de fondement à l'usucapion ou à la publicienne.

Cette règle que l'acheteur ne devient propriétaire et par suite ne possède utilement pour l'usucapion et la publicienne qu'après avoir payé le prix, souffre exception quand le vendeur a fait crédit en accordant un terme.

22. La tradition faite malgré l'ordre du maître par un procureur qui avait vendu avec son consentement, est une juste cause pour la publicienne, si l'acheteur vient à perdre la possession (l. 14, *h. t.*).

Nous supposons que l'acheteur a payé le prix ou est prêt à le payer ou a obtenu crédit; car sans cela, aux termes de la loi 1, § 2, *de except. rei vend. et trad.*, la défense de livrer la chose (faite avant le paiement du prix), paralyserait l'exception *rei voluntate sua venditæ et traditæ* que l'acheteur pourrait opposer au propriétaire.

22. Celui qui a offert l'estimation du procès est

assimilé à un acheteur et par suite a droit à la publicienne. Le demandeur que le juge a déclaré propriétaire peut, au lieu de faire exécuter par la force l'ordre de restitution, faire condamner le possesseur qui ne veut pas rendre la chose qu'il a en son pouvoir, à payer l'estimation que lui demandeur fixera, sous la foi du serment. — Le défendeur qui offre cette estimation est censé avoir acheté la chose, il la possède *pro emptore* et par suite utilement pour l'usucapion, et cela à partir du jour de la vente, sans qu'on puisse lui objecter qu'il n'a pas payé le prix, car, nous l'avons dit, la règle que l'acheteur ne devient propriétaire que par le paiement du prix, souffre exception quand il y a un terme. Dans l'espèce, le défendeur a le terme légal d'un mois ou de deux mois accordé aux condamnés.

Si le défendeur avait cessé de posséder par sa faute au moment du jugement, l'estimation qu'il paierait alors n'en serait pas moins assimilée à un prix d'achat (l. 47, 63 *de rei vind.*)—Mais s'il avait cessé de posséder par son dol, la somme qu'il payait au demandeur par suite du *jusjurandum in litem* était considérée non plus comme le prix de la chose, mais comme la peine du dol du défendeur. Par suite, le demandeur restait propriétaire sans être obligé de céder ses actions (*in rem* et *ad exibendum*) au défendeur (l. 69 *de rei vend.*).

23. La vente d'une hérédité constitue une juste cause de possession au point de vue même de

chacun des objets particuliers de cette hérédité.

24. Il y a une juste cause de tradition dans la *noxæ deditio*, que la cause soit vraie ou fausse.

L'abandon que fera de l'esclave le possesseur de bonne foi qui veut échapper par là au paiement de la somme fixée par la condamnation, ou la prise de possession ordonnée par le préteur, si le possesseur ne défend pas, mettra le nouveau possesseur dans la position d'usucaper et par suite d'exercer la publicienne (Afric., l. 28, *de nox.*).

Dans le droit anté-justinien, alors que l'*in bonis* n'était pas assimilé au domaine quiritaire, la *noxæ deditio* servait de juste cause à la publicienne dans deux autres hypothèses : — 1° la tradition de l'esclave faite *a domino ex noxali causa* ne rendait pas propriétaire de l'esclave qui était *res mancipi*, mais permettait d'usucaper et en attendant donnait la publicienne; 2° si le propriétaire ne défendait pas son esclave, le préteur qui ordonnait au demandeur d'emmener l'esclave ne faisait qu'un possesseur, ne conférait que l'*in bonis.*

25. Il y a encore une juste cause de possession dans l'envoi en possession par le second décret du préteur *ex causa damni infecti.*

Une maison menace ruine. Le propriétaire refuse de donner caution pour le dommage que sa chute pourra causer. Le préteur envoie par un premier décret en possession *custodiæ causa* (l. 15, § 16, *de damn. inf.*), et au bout d'un certain temps, il autorise par un second décret à posséder. En attendant que l'usucapion soit accomplie, ce possesseur aura l'action publicienne.

26. Celui à qui une chose a été adjugée a une juste cause pour intenter la publicienne. Dans l'une des trois actions divisoires, le juge par le prononcé de sa sentence, a attribué à l'un des plaideurs la propriété d'une chose appartenant à autrui. Ce plaideur adjudicataire de bonne foi trouvera dans cette adjudication une juste cause de possession.

Dans le droit anté-justinien il est probable que l'adjudication fournissait une juste cause de possession dans une seconde hypothèse, dans le cas où le juge prononçant dans un *judicium quod imperio continetur* et tenant alors son pouvoir du préteur, ne pouvait pas plus que lui conférer le *dominium ex jure quiritium*.

Il est en effet certain, d'après le § 47 des fragments du Vatican, que l'usufruit ne pouvait être établi que dans un *judicium legitimum*, c'est-à-dire, dans une instance introduite à Rome, ou dans une distance moindre d'un mille, entre citoyens romains, devant un seul juge également citoyen romain.

Il est probable qu'il en était de même de la propriété, car Paul nous dit dans la loi 44, § 1, *famil. ercisc.* que le préteur protégera les adjudications par des actions et des exceptions ; — *par des actions*, c'est donc que toutes les adjudications ne transfèrent pas la propriété *ex jure quiritium*, car alors on n'au-

rait pas eu besoin de la protection du préteur;— *par
des exceptions,* c'est donc qu'il ne s'agit pas, comme
dans le cas prévu par Marcellus dans la loi 7 de notre titre, de l'adjudication de la chose appartenant à
un tiers, car le préteur ne pouvait accorder aucune
exception contre l'action en revendication de ce tiers
injustement dépouillé par le juge.

27. Celui qui a pris possession d'une chose en
vertu d'une cause lucrative, a la publicienne. Le donataire l'a même contre le donateur, c'est-à-dire qu'à
l'exception *justi dominii* de celui-ci, il opposera la
réplique *rei donatæ et traditæ* (L. 2, § 3, *h. t.*).

28. Celui qui a acheté d'un fou, ignorant que son
vendeur était en démence, peut usucaper, et, par
suite, a la publicienne.

En effet, comme nous le verrons bientôt, cette erreur plausible de fait équivaut à l'existence même
d'une juste cause.

Remarquons toutefois qu'aux termes de la loi 2,
§ 16, *pro emptore,* l'acheteur n'aura de juste cause
de possession *ad usucapionem* que vis-à-vis des tiers.
Contre son vendeur, il ne pourra pas agir par la publicienne, car ce vendeur étant fou, la vente est
nulle, et la nullité de la vente empêche que le prétendu acheteur oppose la réplique *rei venditæ et traditæ* à l'exception *justi dominii.* — Cette même raison empêchera l'acheteur d'actionner son vendeur en
garantie pour cause d'éviction, — de joindre la possession de celui-ci à la sienne propre. — Les trois dé-

cisions du jurisconsulte Paul se fondent sur une même raison, la nullité de la vente, l'absence de la relation de successeur à auteur entre l'acheteur et le vendeur.

29. Le § 4 de notre loi 7 nous dit que si quelqu'un a acheté d'un mineur qu'il ignorait être tel, il a l'action publicienne.

Une constitution de Dioclétien à la loi 3 au Code *de in integr. restit. minor.*, nous dit que le mineur ne peut ni aliéner, ni s'obliger (c'est en droit romain le sens du mot *vendere*), s'il a un curateur. — Mais qu'il peut le faire, s'il n'a pas de curateur. D'où cette conséquence que dans le premier cas la vente qu'il a pu consentir ne constitue une juste cause véritable ni vis-à-vis de lui, ni vis-à-vis des tiers ; tandis que dans le second cas, elle constitue une juste cause à l'égard de tous.

Toutefois comme une juste cause putative peut produire, ainsi que nous le verrons bientôt, tous les effets d'une juste cause véritable, j'aurai encore la publicienne dans le cas où j'ai traité avec un mineur ayant un curateur, si j'ai cru ce mineur majeur.

30. Le serment constitue une juste cause pour la publicienne au profit du défendeur qui a juré que la chose était sienne ; mais l'effet de se serment, comme celui de la chose jugée, est renfermé entre les parties ; l'action ne peut être exercée que contre le deman-

deur qui a déféré le serment et ses successeurs.

Voici, suivant nous, comment on est arrivé à appeler publicienne cette action *de jurejurando*, action *in factum*, dans laquelle le juge n'a à examiner qu'un point de fait, à savoir si le défendeur a juré que la propriété était à lui :

Il y a deux espèces d'actions utiles, les actions fictives dans lesquelles le préteur, rendant hommage au droit civil, feint une qualité du droit civil pour étendre un principe qu'il approuve, et les actions *in factum* dans lesquelles, plus hardi, il renferme le juge dans une formule de fait pour sanctionner des principes d'équité naturelle entièrement méconnus du droit civil. Parmi ces actions utiles *in factum* est l'action *de jurejurando*. Cette action, comme l'action primitive qu'elle supplée, procure la restitution de la chose, les fruits et autres accessoires. C'est donc là une action réelle utile. Or, quelle différence entre une action réelle utile et la publicienne, autre action réelle utile? Sans doute cette dernière repose sur une fiction, tandis que la première est conçue *in factum*. Mais peu importe : au point de vue pratique, ces deux actions aboutissent au même résultat ; on leur donnera le même nom.

DE LA JUSTE CAUSE PUTATIVE.

31. Pour avoir la publicienne il n'est pas besoin de prouver une *justa causa* réelle, il suffit de prou-

ver qu'on a été induit en une erreur plausible relativement à la juste cause.

Longtemps la question a été l'objet d'une vive discussion entre les jurisconsultes romains, ainsi que le prouvent les dissidences entre les l. 27, *de usurp. et usucap.*, et 1, *pro donato*—et les lois 11, *pro emptore,* — 3 et 5, § 1, *pro suo.* — Mais nous croyons, d'après la loi 9, *pro legatis*, que l'on peut dire du temps de Justinien, qu'il y a juste cause toutes les fois qu'un homme raisonnable a pu le penser.

§ 3. — *Il faut être de bonne foi.*

32. La bonne foi est une condition distincte de la juste cause. La loi 3, § 1, ne donne la publicienne qu'à l'acheteur de bonne foi. La loi 7, § 11, parle également d'achat et de bonne foi, et le § 16 nous dit qu'il faut le concours de ces deux conditions : *hæc debent concurrere.* On a soutenu que cette double mention, juste cause et bonne foi, avait été remplacée par la mention générale d'une tradition faite en vertu d'une juste cause, et on a défini la juste cause la croyance que l'on est devenu propriétaire. Mais c'est une erreur évidente. La juste cause et la bonne foi sont exigées comme deux conditions distinctes de la publicienne dans le § 43 du second commentaire de Gaius ; les mots *justa causa* comme les mots *bona fides* sont commentés par Ulpien dans notre titre. C'est donc que l'édit du préteur conte-

nait la double mention d'une juste cause et de la bonne foi.

Cette distinction entre la juste cause et la bonne foi n'est pas, comme l'a prétendu M. Bonjean, une question purement théorique. Elle entraîne des conséquences pratiques de la plus haute importance. Ainsi dans le système qui confond la juste cause et la bonne foi, qui prétend que pour devenir propriétaire par usucapion d'une chose reçue *a non domino*, il suffit d'être de bonne foi, c'est-à-dire de croire être devenu propriétaire, et en second lieu d'avoir possédé le temps voulu, le demandeur à l'action publicienne n'aura à prouver que l'existence de sa possession, car la bonne foi se présume. Au contraire, dans notre opinion ce demandeur aura à prouver sa possession, puis la *justa causa* de cette possession. Il aura donc deux preuves à fournir au lieu d'une.

33. D'après la loi 109 *de verb. signif.*, on peut définir la bonne foi la croyance que la chose n'était pas autrui ou que celui qui a fait la tradition de la chose pouvait l'aliéner.

34. La bonne foi n'est requise qu'au moment de la prise de possession. La mauvaise foi qui survient postérieurement n'empêche ni l'usucapion ni l'exercice de la publicienne : *Nunquam mala fides superveniens impedit usucapionem.* Ainsi après avoir succombé en intentant la revendication, et avoir appris par là qu'on n'était pas propriétaire, on pourra encore intenter la publicienne (1. 39, § 1, *de evict.*). —

Que si, après avoir obtenu par cette publicienne la restitution de la chose, on vient à en perdre la possession une seconde fois, on ne pourra plus intenter la publicienne parce que cette seconde possession n'a pas commencé de bonne foi. (L. 15, § 2, *de usurp.* — L. 7, § 4, *pro empt.*)

Cependant deux exceptions :

1° Dans la vente il faut être de bonne foi au moment de la vente et au moment de la tradition.

La raison nous en est donnée dans la loi 48 *de usurp.* et dans la loi 2 *pro empt.* Dans les cas de paiement, en général, on ne considère que le moment du paiement. Peu importe donc quand je stipule que je sache ou non que la chose est à autrui. Dans la vente au contraire on considère et le temps du contrat et celui du paiement. — Mais pourquoi tient-on compte de ces deux époques? voilà la véritable question à résoudre. Les deux lois que nous venons de citer ne nous donnent qu'une demi-explication. — On a soutenu que cette différence venait de ce que les lois sur l'usucapion ainsi que l'édit mentionnaient spécialement le cas de vente *de bonne foi*, tandis que, hors ce cas, elles parlaient en général de la tradition. Un accident de rédaction rendrait compte d'une différence dans les principes. — Nous avons peine à nous contenter d'une pareille explication. Les différences de rédaction tiennent à des différences de principes et n'en sont pas les causes. — Nous croyons, quant à nous, que c'est dans les principes anciens de la vente qu'il faut aller chercher la solution de cette question. A l'origine, comme nous l'avons déjà dit, la vente, *venumdatio*, n'était qu'un mode de translation de propriété. Elle se faisait par la mancipation qui transfère la propriété sans la tradition ; on exigea la bonne foi au moment de la tradition, car ce sont les principes généraux, et aussi, au moment de la vente, de la mancipation, car il est de principe qu'il faut être de bonne foi au moment où l'on acquerrait la propriété si le vendeur était réellement propriétaire.

2° Dans l'usucapion *pro donato*, au moins suivant certains jurisconsultes, il faut la persistance de la bonne foi pendant tout le temps requis pour l'usucapion. Le donataire ne peut exercer la publicienne que s'il est encore de bonne foi au moment de l'action. C'est ce que dit le § 3 de la loi 11 de notre titre.

35. Quand on acquiert la possession par le fait d'un tiers, il faut toujours pour avoir la publicienne que ce tiers soit de bonne foi. — Ainsi la mauvaise foi de l'esclave acheteur nuira toujours au maître même de bonne foi (l. 2, § 10, *pro empt.*) — Mais cette bonne foi du tiers, de l'esclave, ne suffit pas ; il faut encore la bonne foi du représenté, du maître de l'esclave. Ainsi la bonne foi de ce même esclave ne profitera au maître que s'il n'est pas lui-même de mauvaise foi au moment où va commencer la possession *ad usucapionem*. — Ce moment variera suivant que l'esclave aura acquis la chose *peculiari nomine*

ou bien *extra causam peculii, domini nomine* : —
Il a acquis la chose *peculiari nomine;* l'usucapion
commence sur-le-champ. Par conséquent si au moment où il achète de bonne foi une chose pour son
pécule et se la fait livrer, le maître qui en a connaissance sait que cette chose n'appartient pas au vendeur, il n'y a pas lieu à la publicienne, car il n'y a
pas de possession de bonne foi. — L'esclave a acquis
domini nomine. L'usucapion ne commence qu'à l'instant où le maître a connaissance de l'acquisition. —
Il faut donc qu'au moment où il l'apprend, il ignore
que la chose est à autrui.

Les mêmes principes s'appliquent à l'achat fait par
le fils de famille.

Quant à l'achat fait par le mandataire, il transfère
immédiatement la possession au mandant, si le mandataire a agi dans les limites de son mandat, et seulement
au moment de la ratification, si le mandataire a agi
de son propre mouvement. « *Procurator siquidem
mandante domino rem emerit, protinus illi adquirit
possessionem : quodsi sua sponte emerit, non nisi ra-
tam habuerit dominus emptionem* » (Paul, sent., 5, 2,
§. 2). C'est donc tantôt au moment même de la tradition faite au procureur, tantôt au moment de la ratification que le mandant doit être de bonne foi (Inst.
II. T. 9 *per quas pers. cuique adq.*).

36. L'héritier ou tout autre successeur universel,
par exemple, le *bonorum emptor,* continue la possession du défunt. Si donc le défunt a commencé à

posséder de mauvaise foi, l'héritier ne pourra usucaper. — Réciproquement sa bonne foi ne lui servira pas si son auteur était de mauvaise foi. La possession de l'héritier n'est donc que la continuation de la possession commencée par le défunt. La loi 9 fait l'application de ce principe lorsquelle nous dit que la publicienne compète soit que la chose ait été livrée à l'acheteur, ou à l'héritier de l'acheteur. Peu importe en effet à qui la tradition a été faite pourvu que la bonne foi ait existé et au moment de l'achat, et au moment de la tradition.

§. 4. — *La chose doit être susceptible d'usucapion.*

37. La publicienne étant fondée sur la fiction que l'usucapion commencée est accomplie, ne peut s'appliquer aux choses pour lesquelles l'usucapion est impossible. *Hæc actio,* dit la loi 9, § 5, *in his quæ usucapi non possunt, puta furtivis, vel servo fugitivo, locum non habet.* »

Ainsi elle ne s'applique pas aux choses mobilières *mancipi* ou *nec mancipi* qui ont été volées (l. des XII Tables et lex Atinia). — Ce qui ne veut pas dire, comme le remarque Gaïus (49, II) que le voleur est dans l'impossibilité d'usucaper (à cette impossibilité d'usucaper, il y a, pour lui, un autre motif, sa mauvaise foi). — Mais le sens de la loi est qu'aucun autre possesseur ne pourra posséder la chose utilement pour l'usucapion ou la publicienne, jusqu'à ce que le vice de vol n'ait été purgé par le retour de la chose aux mains de son propriétaire. De là cette réflexion de Gaïus (50, II), — que l'usucapion des choses mobilières sera presque impossible. Et en effet, que de chances pour que la chose mobilière que je possède ait été volée ! Le vol n'est pas seulement à Rome ce qu'il est dans l'art. 379 de notre Code pénal, la soustraction frauduleuse de la chose d'autrui. La définition Romaine est bien plus large : *Furtum est contrectatio frqudulosa rei vel etiam usus ejus, possessionisve.* — Toute disposition frauduleuse de la chose d'autrui, de son usage, de sa possession entachera donc ma possession *ad usucapionem* d'un vice indélébile. Dès lors quelle incertitude dans la propriété mobilière ! Avec nos idées économiques modernes, idées qui ont amené la maxime : *en fait de meubles, possession vaut titre*, il nous est difficile de comprendre comment de tels principes pouvaient s'accorder avec l'existence d'une grande société commerciale comme l'empire romain.

38. Comme l'usucapion, la publicienne ne s'applique pas non plus aux choses immobilières *mancipi* (les fonds italiques), dont on a pris possession par violence. Par une raison d'ordre public les lois Julia et Plautia ont défendu ces moyens indirects d'arriver à la propriété par l'occupation frauduleuse ou violente de la chose d'autrui.

39. L'esclave qui s'enfuit est réputé se voler luimême à son maître et devient *res furtiva* (l. 1, au Code de serv. *fug.*).

L'enfant d'une esclave volée est lui-même *res furtiva* si l'esclave était déjà enceinte lors du vol, ou si elle l'est devenue chez le voleur, lors même qu'elle accoucherait chez un possesseur de bonne foi.

Si l'esclave volée a conçu chez l'héritier du voleur, cet héritier ne pourra usucaper l'enfant, lors même qu'il ignorerait que l'esclave était *res furtiva*, car, comme héritier, il succède aux vices de la possession de son auteur. — Mais dans les mêmes circonstances, l'acheteur de bonne foi qui aura traité avec cet héritier possédera l'enfant utilement pour la publicienne, *a fortiori* si l'esclave volée a conçu chez lui (Ulp., l. 48, § 5, *de furt.*).

Dans ce dernier cas, l'acheteur de bonne foi pourrait réclamer l'enfant par la publicienne lors même que l'esclave serait accouchée chez un nouveau possesseur, et que par suite il n'eût jamais possédé cet enfant lui-même. Ce droit est pour lui une conséquence de la possession qu'il a eue de la mère, possession vicieuse pourtant et incapable de conduire à la publicienne, puisque la mère était *res furtiva*.

Si ce possesseur de bonne foi, au lieu d'être un acheteur, était un donataire, il faudrait pour qu'il exerçât la publicienne, qu'il fût encore de bonne foi au moment de l'action. — En nous occupant de la *bonne foi* comme condition de la publicienne, nous avons déjà rencontré cette particularité de l'usucapion *pro donato* qui veut la persistance de la bonne foi pendant tout le temps requis pour l'usucapion.

L'usucapion du part procède en vertu de la même cause que procèderait l'usucapion de la mère, si elle était possible (l. 9, § 4).

Ce que nous venons de dire du part de l'esclave volée doit s'appliquer aussi au part de ce part, c'est-à-dire que l'enfant de la fille de l'esclave volée, conçu et enfanté chez le voleur, ne peut être usucapé par l'acheteur de bonne foi, car il est *res furtiva*, mais qu'il peut être l'objet de l'usucapion et de l'action publicienne, s'il a été conçu et est né chez ce possesseur de bonne foi (l. 9, § 5).

40. A la différence du part des esclaves, le part des animaux appartient dès sa naissance, *en qualité de fruit*, au possesseur de bonne foi, sans avoir besoin d'être usucapé. Mais si les animaux ont été volés, Ulpien exige que le croît ait été conçu chez le possesseur de bonne foi, comme on l'exige à l'égard du part des esclaves pour qu'il puisse être usucapé.

Paul, au contraire (L. 48, § 2, *de adq. rer. dom.*; l. 5, § 19, *de usurp.*), pense qu'il n'y a pas à considérer l'époque de cette conception, mais seulement le moment de la séparation, comme pour les autres fruits, la laine, le lait, etc.

Cette opinion qui est plus en harmonie avec les principes sur l'acquisition des fruits, paraît avoir prévalu. Ainsi donc rien de spécial à cet égard quant à la publicienne.

41. Comme l'usucapion, la publicienne ne compète

pas à l'égard des choses qu'une loi ou une constitution défend d'aliéner.

Ainsi la loi Julia défend au mari d'aliéner le fond dotal sans le consentement de la femme.

Ainsi une constitution de Septime Sévère et d'Antonin Caracalla défend aux coupables du crime de lèse-majesté, de concussion et de quelques autres crimes pour lesquels l'accusation et la condamnation pouvaient avoir lieu après la mort, de rien aliéner de leurs biens pour les soustraire ainsi à la confiscation.

Ainsi, dans le droit classique étaient inaliénables, les choses *mancipi* des femmes pubères sous la tutelle de leurs agnats. — Que si ces choses *mancipi* avaient été livrées *tutore auctore,* cette autorisation du tuteur les rendait susceptibles d'aliénation, et par suite, de posssession *ad usucapionem* (G. II, 47).

La loi *Claudia* supprima la tutelle des agnats. Mais nous croyons qu'elle laissa subsister la tutelle du père, du patron, et que par suite les choses *mancipi* des femmes pubères soumises à ces tutelles continuèrent d'être inaliénables.

Un sénatus-consulte rendu sur la proposition de Septime Sévère, défendait l'aliénation des *prædia rustica* ou *suburbana* des pupilles, à moins qu'elle ne fut reconnue nécessaire par un décret du préteur (Ulp. l. 1, *de reb. eor. qui.*).

Quant à la loi 48, § 1, *de adq. rer. dom.*, qui semble poser en principe général l'inaliénabilité des biens du pupille, nous croyons qu'elle n'est pas exacte, que c'est une erreur de copiste, qui a substitué le mot *pupilli* au mot *populi*. Nous fondons notre opinion sur le texte des Basiliques ὡς τοῦ δήμου ὄντα, ensuite sur l'invraisemblance qu'il y a supposer que Gaïus, qui parle de l'inaliénabilité des choses *mancipi* des femmes en tutelle, aurait oublié l'inaliénabilité des biens du pupille.

42. Par suite d'un privilége spécial accordé au fisc, les choses qui lui appartiennent ne peuvent être l'objet d'une possession *ad usucapionem*. Ce privilége fut étendu à l'*ærarium* (trésor public).

Toutefois, aux termes de la loi 18, *de usurp.*, le possesseur de bonne foi auquel on a livré des biens vacants avant qu'ils aient été dénoncés au fisc peut les usucaper.

43. Enfin, pour terminer cette section relative aux choses non susceptibles d'usucapion, nous devons rappeler deux classes de choses dont nous avons déjà parlé : les choses corporelles et les choses non susceptibles de propriété privée.

Comme la publicienne, l'usucapion a pour base la possession. Donc elle ne s'applique pas aux choses non susceptibles de possession.

En second lieu, l'usucapion est un mode d'acquérir la propriété. Les choses communes, publiques, saintes, sacrées, les hommes libres, ne sont pas susceptibles de propriété privée ; par suite ils ne sont pas susceptibles d'être l'objet de l'usucapion ou de l'action publicienne.

Parmi les choses incorporelles, l'usufruit et les servitudes urbaines ou rurales sont susceptibles, comme nous l'avons vu, d'une *quasi possession*. Or, le préteur trouvant dans la *quasi possession* de ces droits toutes les conditions propres à conduire à l'usucapion, a donné la publicienne à ce possesseur qui, dans la rigueur du droit civil, n'arrivera jamais à l'usucapion (L. 11, § 1, *h. t.*).

44. A Rome, il n'y a pas de propriétaire distinct du sol et de la superficie. « *Omne quod solo inœdificatur solo cedit.* » Donc le superficiaire, troublé dans l'exercice de son droit, n'aura d'après le droit civil, d'autre moyen d'agir que d'obliger le propriétaire du sol par l'action *ex conducto*, à le faire maintenir en possession. Le préteur a pris en considération une telle situation. Il a fait du superficiaire un propriétaire prétorien, et lui a donné l'action *in rem, cognita causa*. En outre, quand le superficiaire avait reçu la concession de bâtir *a non domino*, il ne pouvait pas avoir l'action *in rem*, n'étant pas propriétaire prétorien, et le préteur lui donnait sans doute la publicienne, s'il venait à perdre la possession.

45. On appelle *agri vectigales* des fonds appartenant au peuple romain, à des cités, etc., et loués à des particuliers, soit à perpétuité, soit pour un temps plus ou moins long, à la charge d'une redevance annuelle (*vectigal*), soit en argent, soit en fruits.

En principe, le locataire, troublé dans sa jouissance, n'a qu'une ressource, se faire indemniser du locateur par l'action *conducti* si le trouble provient de lui, ou se faire céder ses actions si le trouble vient d'un tiers.

La tradition du fonds vectigal ne peut en transférer immédiatement le *dominium ex jure quiritium*, ni mettre en position de l'acquérir par usucapion. Le cessionnaire n'est pas propriétaire vis-à-vis des tiers ; que fera-t-il donc s'il est troublé par eux ? Le préteur vint à son secours, protégea sa possession légale. Le concessionnaire eut non seulement les interdits, mais encore, au moins dans les derniers temps de la jurisprudence classique, une action réelle, utile, que nous croyons être la publicienne. Le préteur alla même plus loin : quand la possession du fonds provincial réunit les conditions requises de juste cause et de bonne foi, et a été continuée pendant dix ou vingt ans, elle donna un moyen de défense dit *præscriptio longi temporis* contre l'action même du précédent possesseur légal.

46. Volontiers nous croirions qu'une sorte de *longi temporis præscriptio* semblable avait fini par s'introduire pour les servitudes tant personnelles que réelles en faveur de ceux qui ne pouvaient pas prouver qu'ils les tenaient du véritable propriétaire, mais qui établissaient qu'ils avaient reçu la chose avec juste cause et bonne foi (l. 10, *de serv.*; — l. 26, *de aqua et aquæ pluv.*)..

Ceci posé, il devint naturel que le préteur, modifiant la formule ordinaire de la publicienne et réputant accomplie, non plus une usucapion impossible, mais la *præscriptio longi temporis*, protégeât la possession de celui qui venait à être dépouillé du droit de servitude ou du fonds provincial avant d'avoir possédé le temps requis de dix ou vingt ans.

47. Ainsi donc, en allant au fond des choses, on peut dire qu'il n'y a rien de contradictoire entre la loi 9, § 5 : *In his quæ usucapi non possunt, publiciana locum non habet*, et la loi 12, § 1 : *In vectigalibus et in aliis prædiis quæ usucapi non possunt publiciana competit si forte bona fide mihi tradita sunt.* — Cette seconde loi ne fait qu'étendre la publicienne à la *longi temporis possessio*, c'est ce qu'indiquent les mots *si bona fide tradita sunt*, mots que nous pouvons considérer comme les équivalents de ceux-ci : *si longo tempore capi possunt.* Telle est l'interprétation qui se présente naturellement. Elle est indiqué par le texte, elle l'est par cette considération générale que la publicienne repose sur une prescription commencée qui est considérée par fiction comme étant accomplie. Nous pourrions donc formuler ainsi notre quatrième condition requise pour la publicienne : Il faut que la chose soit susceptible d'usucapion, ou de *longi temporis præscriptio*.

SECTION III.

Qui peut intenter la publicienne.

48. La publicienne se donne :

1° A celui qui ayant reçu en vertu d'une juste cause translative de propriété la chose d'autrui *mancipi* ou *non mancipi, a non domino,* a commencé à usucaper, puis a perdu la possession : *Ait prætor : si quis id quod traditur ex justa causa a non domino et nondum usucaptum petet, judicium dabo.*

2° Dans le droit classique, à celui qui a reçu du propriétaire par simple tradition une chose *mancipi.*

En effet le commentaire de Gaius (II, § 41, 43, 44), nous montre que l'usucapion s'appliquait aux deux cas. Par analogie on doit croire que le préteur a créé la publicienne pour les deux cas. — L'édit porte *a non domino,* mais l'absence de toute explication de ces mots de la part d'Ulpien qui commente d'ailleurs successivement tous les autres termes de l'édit prouve qu'ils ne sont qu'une interpolation de Justinien, — que la formule primitive était générale et susceptible dès lors d'embrasser les deux espèces. — Enfin à ce possesseur qui a la chose *in bonis,* il faut bien donner une action et quelle action lui donner si ce n'est la publicienne? Une action réelle reposant sur la fiction de la mancipation accomplie? mais aucun texte n'autorise la création de cette action. — La *formula petitoria?* Et cela parce que dans *quelques* textes l'*intentio* de cette formule contient les mots *suum esse* sans addition de *ex jure quiritium* (G. IV, 92); mais la *formula petitoria* n'est pas une action particulière, elle n'est qu'une forme de procédure opposée à la *sponsio præjudicialis;* mais tous les textes établissent de la façon la plus formelle que *suum esse* a la même signification que *suum esse ex jure quiritium* (G. IV, 34; III., 80, 81 ; Ulp., l. 6, § 2, de confess. Paul. l. 6, de rei vend.).

3° On donne la publicienne au véritable propriétaire qui perd la possession. Le propriétaire a la revendication, il n'a pas absolument besoin de l'action prétorienne (*habet civilem actionem, nec desirat honorariam*). Mais cette action a pour lui une grande utilité. Il est facile de le comprendre avec la théorie romaine des preuves en matière de propriété. — A celui qui réclame la propriété d'une chose le droit civil donne la revendication. Pour triompher dans la revendication, il faut faire la preuve de sa propriété. Une pareille preuve est facile quand on a acquis la chose par un mode originaire d'acquisition, mais elle devient presque impossible quand on l'a acquise (et c'est ce qui a lieu le plus souvent), par un mode dérivé. On doit en effet prouver alors non-seulement un mode légal d'acquisition de la propriété en sa personne, mais encore l'existence du droit de propriété dans la personne de ses auteurs jusqu'à ce qu'on rencontre quelqu'un qui ait acquis la chose par un mode originaire. C'était là, les commentateurs ont eu raison de le dire, une *probatio diabolica*. — Avec l'usucapion, la tâche du demandeur est bien simplifiée. Il est dispensé de rattacher ainsi son droit à celui de son auteur, mais il faut pour cela qu'il prouve qu'il a possédé la chose pendant un certain temps et qu'il l'a reçue *ex justa causa*.

Ce système du droit civil offre une lacune et des inconvénients : une lacune, car il ne protége pas le demandeur qui a cessé de posséder avant le temps voulu pour avoir droit à l'usucapion ; des inconvénients, car le propriétaire est obligé de fournir dans la revendication des preuves qu'il lui sera souvent difficile d'apporter. La création de la publicienne est venue remédier à cet état de choses. — Le préteur l'a créée pour celui qui a commencé et qui n'a pas encore achevé l'usucapion, et celui-là même qui est propriétaire *ex jure quiritium* a pu se faire donner cette action soit de préférence à la revendication, soit concurremment avec celle-ci, se réservant la chance d'obtenir en vertu de l'une ce qu'il n'aurait pu obtenir en vertu de l'autre, soit subsidiairement après avoir intenté sans succès l'action civile. Ainsi (l. 39, § 1, *de evict.*) un acheteur de bonne foi a succombé dans la revendication de la chose vendue, il n'aura pas encore droit à l'action en garantie parce qu'il lui reste un secours dans l'action publicienne.

4° On donne la publicienne à celui qui possède une chose corporelle non susceptible d'être usucapée, ainsi

un fonds vectigal appartenant au peuple, à des cités,
à des colléges de prêtres, de vestales, ainsi la superficie d'un terrain.

5° On donne enfin la publicienne à celui qui quasi-
possède des choses incorporelles non susceptibles d'u-
sucapion.

Nous avons vu dans la section précédente, n°⁵ 45,
46, 47, comment le préteur était arrivé à donner la
publicienne dans ces deux hypothèses. Nous ren-
voyons à ce que nous avons dit alors.

Rappelons seulement que dans ces deux derniers
cas (4° et 5°), la formule devait nécessairement varier.
On n'est plus dans l'hypothèse où l'on feint *in jus*
l'usucapion d'une chose susceptible d'être usucapée.
La fiction consistait, sans doute, à réputer accomplie
la prescription de long temps. On feint que le possesseur a possédé pendant dix ou vingt ans *nec vi, nec
clam, nec precario*, l'exercice du droit de propriété
prétorienne ou de servitude, et on lui donne la publicienne comme s'il avait assez possédé.

49. L'action publicienne passe aux successeurs soit
civils, soit prétoriens de celui à qui elle compétait, et
ils peuvent l'intenter quoiqu'ils n'aient jamais possédé.
— Ainsi elle appartiendra au fideicommissaire auquel
l'hérédité a été restituée *ex S C. Trebelliano*. —
L'action présentera alors dans sa formule la double
fiction de la qualité d'héritier, et de l'usucapion accomplie.

La publicienne passe aux héritiers sans qu'il y ait

à considérer s'ils sont eux-mêmes de bonne ou de mauvaise foi.

Enfin, n'oublions pas ce que nous avons dit dans notre section de la possession : c'est que pour avoir la publicienne, peu importe que la possession de la chose ait été acquise par soi-même ou par un autre. Ainsi elle appartiendra 1° au maître de l'esclave qui a acheté et s'est fait livrer une chose susceptible d'usucapion, soit qu'il ait acheté *peculiari nomine*, soit *domini nomine*, avec cette différence que dans le premier cas l'usucapion commencera de suite, la volonté de l'esclave suppléant complétement la volonté du maître, et que dans le second cas elle ne commencera que quand il aura connaissance de l'acquisition ; 2° aux mandants, aux maîtres de l'affaire, si le mandataire, le gérant achètent une chose pour eux mandants, maîtres de l'affaire, et en prennent possession en leur nom, et cela à partir du moment où le mandant, le maître de l'affaire ont connaissance de l'acquisition. 3° à celui qui a un curateur, un tuteur du moment de l'acquisition ; la volonté du tuteur remplaçant la volonté de celui qui est en tutelle.

SECTION IV.

Contre qui donne-t-on la publicienne?

50. A l'instar de la revendication, la publicienne se donne contre quiconque détient la chose, même contre le propriétaire.

Dans le cas de tradition *a domino* d'une chose mancipi, la publicienne sera bien rarement donnée injustement. Mais dans le cas de tradition faite *a non domino* au possesseur de bonne foi, on arriverait à une iniquité flagrante si on donnait la publicienne utilement contre le véritable propriétaire.

En effet, la condamnation du défendeur dépendant de la solution affirmative de cette question : le demandeur serait-il propriétaire, si sa possession avait duré le temps voulu pour l'usucapion ? il est clair que le propriétaire lui-même, actionné par la publicienne, sera condamné, puisque cette question peut être résolue affirmativement, quel que soit le possesseur actuel.

Pour éviter ce résultat, des auteurs ont soutenu que la publicienne du *bonæ fidei possessor* ne pouvait être dirigée contre le *dominus ex jure quiritium*. Ils ont lu l'édit du préteur en rapportant les mots *non a domino* au mot *petet*. Le préteur donnera l'action au possesseur de bonne foi qui ne la demandera pas contre le propriétaire.

Mais la construction de la phrase : *Si quis id quod*

traditur ex justa causa non a domino et nondum usucaptum petet, etc., doit faire repousser cette interprétation ; il s'agit évidemment de tradition faite par un non propriétaire. Nous ajouterons que la formule donnée par Gaius, aussi bien que la formule reproduite par Justinien aux Instituts, sans doute d'après un ancien jurisconsulte, ne contient pas la mention *a non domino*. C'est donc que, dans les deux cas, l'action se donnait contre tout possesseur, fût-il propriétaire *ex jure quiritium*. Ainsi Primus a vendu à Secundus la maison de Tertius. Secundus n'en aura pas moins la publicienne.

Tertius, défendeur, ne pourra paralyser cette action et échapper à la condamnation qu'en faisant modifier la formule de la publicienne par une exception. Cette exception sera pour lui qui est *dominus ex jure quiritium*, l'exception *justi dominii* (*si ea res possessoris non sit ex jure quiritium*).

51. Mais cette exception *justi dominii* n'était pas, ne devait pas toujours être triomphante.

En effet, si dans le cas de tradition *a non domino*, son succès a pour résultat d'empêcher que la publicienne introduite par le préteur dans un motif d'équité, ne dépouille injustement le véritable propriétaire, elle n'aurait d'autre conséquence, dans le cas d'une tradition d'une chose *mancipi a domino* que de consacrer une injustice, puisqu'on rendrait la chose à celui-là même qui l'a vendue et qui l'a livrée. A l'exception *justi dominii*, on opposera donc dans la

formule la réplique *rei venditæ* (ou *donatæ*) *et traditæ,* et cette réplique prévaudra contre le propriétaire. C'est du moins ce qui arrivera le plus souvent,
car il pourrait se faire, par exemple, qu'à la réplique
rei donatæ et traditæ du demandeur, le propriétaire
défendeur opposât victorieusement la duplique : *Si
non contra legem Cinciam donatum est.*

52. De plus, s'il est vrai de dire, en général, que
l'exception *justi dominii* triomphera dans le cas de
tradition *a non domino,* il faut reconnaître qu'exceptionnellement elle sera paralysée par une réplique
du demandeur, toutes les fois qu'elle consacrerait la
violation d'un droit. Ainsi supposons l'espèce suivante : Primus vend et livre à Secundus l'esclave de
Tertius. Sur ces entrefaites Secundus perd la possession et Tertius s'en empare. — Si Secundus intente
la publicienne, Tertius opposera l'exception *justi dominii.* Mais comme il est devenu héritier du vendeur,
que par suite il doit garantie de l'éviction, il y aurait
injustice à le laisser triompher par cette exception ;
on permettra donc au demandeur de faire ajouter à la
formule, à la suite de l'exception, la réplique *at si non
eam rem possessoris auctor vendiderit et tradiderit;*
ce qui obligera le juge à ne tenir compte au défendeur
de sa qualité de propriétaire qu'autant qu'il ne serait
pas garant comme héritier du vendeur. — Le demandeur pourrait également employer la réplique
doli mali, puisqu'il y a dol de la part du défendeur
à argumenter ici de sa qualité de propriétaire.

53. Le digeste nous présente de nombreuses applications de ce principe :

1° (L. 72, *de rei vind.* — l. 2, *de exept. rei vend. et trad.* l. 5, § 32, *de doli mali except.*) : Vous avez acheté de Titius un fonds qui appartient à Sempronius. Le fonds vous a été livré et vous avez payé le prix. Acheteur de bonne foi, vous possédez *ad usucapionem,* vous avez donc la publicienne si vous venez à perdre la possession.

Titius est devenu ensuite héritier de Sempronius et par conséquent propriétaire du fonds qu'il vous avait vendu. Il se trouve alors reprendre possession du fonds et il le vend et le livre à Mœvius.

Vous intentez contre Mœvius l'action publicienne. — Il semble que Mœvius qui a traité *a vero domino* va pouvoir utilement opposer l'exception *justi dominii.* — Il n'en est rien pourtant ; car si Titius le vendeur devenu héritier de Sempronius s'était avisé de revendiquer le fonds vendu contre vous le premier acheteur, vous l'auriez repoussé par l'exception *rei venditæ et traditæ.* Donc Titius n'a pas pu conférer à Mœvius un droit autre que celui qu'il avait, c'est-à-dire un droit qui devait être paralysé par l'exception.

2° (L. 57, *mandati.*) Les héritiers de mon mandataire, ignorant que le mandat s'éteint par la mort du mandataire, ont vendu mes esclaves. L'acheteur est devenu propriétaire. J'aurai contre lui la publicienne soit parce que j'étais propriétaire, soit parce que j'étais en voie d'usucaper quand j'ai cessé de posséder par suite de mon absence. — Et si on lui accorde l'exception *justi dominii,* on me donnera en même temps une *replicatio in factum* pour paralyser l'exception.

Nous faisons dans cette loi la correction admise par Cujas et Pothier, et nous lisons *non inutiliter* au lieu de *utiliter.* — Le texte des Basiliques, la façon même dont la phrase est construite, le raisonnement d'équité qui la termine, tout autorise cette correction.

3° (L. 14 *de except. rei judic.*) Primus achète le fonds d'autrui; le propriétaire intente la revendication, mais il succombe. Primus vient plus tard à perdre la possession qui retourne aux mains du vrai propriétaire. A-t-il la revendication? — Non, car il n'est pas propriétaire, et la chose jugée ne fait point un titre à Rome. Il intentera donc la publicienne contre le véritable propriétaire, et si celui-ci oppose l'exception *justi dominii,* il lui répondra victorieusement par la réplique *rei judicatæ.*

4° (L. 28, *de noxal. act.*) Un possesseur de bonne foi m'a abandonné *noxali causa,* l'esclave qu'il avait *in sua potestate.* J'en ai perdu la possession qui est revenue au vrai propriétaire. J'ai la publicienne, et contre son exception *si dominus ejus sit,* j'emploierai utilement la réplique de dol.

La loi 63 *de rei vind.,* — la loi 14 de notre titre, et la loi 18, § 15, *de damn. inject.,* nous offrent encore d'autres exemples de l'application de ce principe.

Posons donc, en règle générale, que toutes les fois que l'action en revendication du propriétaire serait repoussée par une exception, l'exception *justi dominii* du propriétaire possesseur sera repoussée par une réplique du possesseur dépouillé, intentant la publicienne.

54. Il pouvait se faire que deux acheteurs eussent traité de bonne foi *a non domino* (l. 9, § 4, *h. t.*). Que décider si, après avoir reçu tradition de la chose vendue, ils en ont perdu la possession? La préférence sera-t-elle donnée à celui qui a été mis en possession le premier, ou à celui qui a acheté le premierr

Il faut distinguer s'ils ont acheté du même vendeur non propriétaire, ou de deux vendeurs différents, également non propriétaires.

Dans le premier cas, on préférera celui qui a été mis en possession le premier, par cette raison qu'un vendeur qui a livré à un acheteur la chose vendue, lui a transféré tout le droit qu'il pouvait lui transférer par tradition.

Dans le second cas, on préférera celui qui est actuellement en possession (l. 14, *qui potior. in pign.*). Ici, en effet, l'antériorité de la tradition n'a rien à faire. La tradition faite par le premier vendeur ne peut amoindrir les effets de la tradition faite par le second vendeur qui n'est pas son ayant-cause. La position des deux acheteurs est donc la même. Chacun, par rapport à son vendeur, est le premier dans son achat, et dans la tradition qui lui a été faite.

Dans cette position parfaitement égale des deux parties, la possession peut donc seule donner à l'un le droit d'être préféré à l'autre : *in pari causa melior est causa possidentis.*

La loi 31, § 2, *de act. empt.*, fait mention sur ce point d'une autre opinion du proculéien Nératius. Dans l'un comme dans l'autre cas il tient compte de l'antériorité de la tradition. Mais il est facile de voir à la loi 9, § 2 de notre titre que cette opinion illogique avait été condamnée, ainsi que cela résulte des mots *quæ sententia vera est.*

55. D'après une constitution de Constantin, lorsque celui qui detient au nom d'autrui est actionné, il doit déclarer au nom de qui il possède (et alors on lui donne un délai pour dénoncer l'action). — Si la personne qu'il désigne ne se présente pas au jour fixé, elle est citée de nouveau, et si elle ne comparaît pas encore la possession est accordée au demandeur sous la réserve des défenses de l'absent sur la question principale.

56. La publicienne réussit contre le possesseur lors même qu'il ne possède pas au temps de la *litis contestatio,* lorsqu'il possède à l'époque du jugement (L. 27 *de rei vind.* — L. 4, 41 — 18, § 1, *de hered. petit.* — L. 7, § 5, *ad exhib.*). Et cette décision est raisonnable, puisque le défendeur a alors la faculté de restituer la chose.

Au contraire, quand le demandeur soutient que son droit de propriété, qui n'existait pas au temps de la litis-contestation, a pris naissance plus tard, il vaut mieux, pour arriver à une bonne décision du procès, qu'une nouvelle action soit intentée, car autrement la défense du possesseur pourrait se trouver étranglée (L. 23 *de judiciis*).

57. Celui qui, par son dol, a cessé de posséder avant la litis-contestation, est tenu de la publicienne. Un sénatus-consulte d'Adrien avait décidé que le dol antérieur entrait dans la pétition d'hérédité ; par suite il dut entrer dans la revendication, action réellle particulière, et aussi dans la publicienne, action réelle utile, donnée par le préteur à l'instar de la revendication (L. 27 *de rei vind.*).

De même celui qui, depuis la litis-contestation, a cessé de posséder par sa faute. Il faut, en effet, pour que le défendeur échappe à la condamnation, que la restitution de la chose lui soit devenue impossible, sans aucun fait qui lui soit imputable (L. 21 ; L. 36, § 1 ; L. 63 *de rei vind.*).

58. Est également tenu de la publicienne celui qui, sans posséder et sans avoir cessé de posséder, par son dol ou par sa faute, s'est présenté pour défendre à l'action, et n'a déclaré qu'après la litis-contestation qu'il ne possédait pas. Le juge le condamnera sur l'estimation du demandeur, à qui le serment *in litem* est déféré à cet effet, à réparer le tort qu'il cause, et le montant de la condamnation est considéré comme une peine pour le défendeur (L. 26 *de rei vind.*).

Si le demandeur savait que le défendeur n'était réellement pas possesseur, il n'y a pas lieu à une condamnation; le demandeur ne peut plus dire qu'il a été trompé, et si, dans l'espèce, il s'est fait donner une action inutile contre un défendeur qui ne possède pas, il ne peut imputer son erreur qu'à lui-même.

Toutefois, lors même que le demandeur sait que le défendeur n'est pas possesseur, celui-ci sera condamné si le demandeur prouve, par une déclaration écrite de témoins, qu'il a été détourné de son premier dessein de poursuivre un tiers par ce défendeur qui se disait faussement possesseur (L. 27 *de rei vind.*).

59. Après la condamnation de celui qui s'est offert pour défendre au procès, l'action n'en peut pas moins être intentée par le même demandeur contre le véritable possesseur.

Il en est de même au cas de condamnation de celui qui a cessé de posséder par dol. La somme payée sur l'estimation du demandeur, *quanti actor in litem juraverit,* n'est point considérée comme prix d'achat de la chose, mais comme peine du dol. Par suite, le demandeur n'a point à céder ses actions (L. 68, 1. 69 *de rei vind.*). — Il promettra seulement de lui faire remise des actions en dommages intérêts (*actio legis aquiliæ*) qu'il pourrait avoir contre lui (excepté en ce qui dépasserait ce qu'il a déjà obtenu), car il ne doit pas obtenir de lui deux fois la même indemnité (L. 9, § 1 ; *de furt.*).

Au contraire, dans le cas où celui qui a cessé de posséder par simple faute est condamné à la juste valeur de la chose d'après l'estimation du juge, le demandeur ne peut plus agir ; il doit céder ses actions au défendeur condamné, et si celui-ci oublie d'exiger cette cession, le préteur vient à son secours en lui accordant l'action publicienne qu'il exercera comme ayant une juste cause de possession dans le paiement de la valeur de la chose, et il l'intentera efficacement même contre le propriétaire s'il rentrait en possession de la chose (L. 63, *de rei vind.*).

60. L'héritier du possesseur est tenu de la publicienne non comme héritier du possesseur, mais comme possesseur lui-même.

Que si le possesseur a cessé par mauvaise foi de posséder avant la litis-contestation, ses héritiers ne peuvent pas être contraints de défendre à la publicienne, mais on donnera contre eux une action *in factum* en vertu de laquelle ils seront obligés de restituer ce qui les aura rendus plus riches comme héritiers de celui qui est jugé coupable de dol.

S'il y a eu litis-contestation avec le défunt, il y a lieu à condamner l'héritier, bien qu'il ne possède pas, aux pertes survenues par la mauvaise foi de celui à qui il a succédé, et, bien entendu, par sa mauvaise foi et par sa faute à lui.

SECTION V.

Ce qu'on peut demander par la publicienne et ce qu'elle contient.

61. La publicienne ne diffère de la revendication que sous le rapport du fondement sur lequel elle repose, et de la preuve qu'elle exige. — Introduite par le préteur à l'instar de la revendication, elle contient tout ce que contient la revendication : «*In publiciana actione eadem erunt quæ in rei vindicatione diximus*, dit la loi 7, § 8, *h. t.* (l. 35 pr. *de oblig. et act.*).

Ainsi elle s'appliquera aussi bien à la partie aliquote qu'à la totalité de la chose, aussi bien aux débris de la chose qu'à la chose elle-même. — Elle s'appliquera à l'usufruit et aux servitudes réelles rustiques ou urbaines.

A la différence de la revendication, elle s'appliquera au fonds superficiaire, à l'*ager vecticalis*, au *prœdia tributoria, stipendiaria*. Mais n'est-ce pas là la conséquence de la propriété prétorienne dont ces choses sont susceptibles, de l'action réelle utile que le préteur a reconnue au propriétaire légal de ces fonds? Et, en définitive, n'est-ce pas sous ce point de vue plutôt encore une ressemblance qu'une différence avec la revendication?

§ I. *De la détérioration de la chose.*

62. Comme pour la revendication, le juge devra tenir compte des détériorations de la chose. Et au

point de vue de cette responsabilité il n'y a pas de différence à établir entre le possesseur de bonne foi et le possesseur de mauvaise foi, à partir de la *litiscontestatio*. En effet quoique la litis contestation ne suffise pas par elle-même pour constituer enma u-vaise foi et en demeure le possesseur jusque-là de bonne foi, puisqu'il peut croire avoir de bonnes raisons de résister, elle suffit au moins pour jeter du trouble dans son esprit et l'avertir qu'il pourra avoir à restituer la chose (l. 36, § 1, *de rei vind.*).

63. Cette indemnité pour détérioration de la chose peut être obtenue au choix du demandeur par l'action publicienne ou par l'action de la loi Aquilia.

Si le demandeur l'obtient par l'action réelle, le juge lui ordonnera de promettre par simple stipulation, sans fidejussion, de ne plus la demander par l'action de la loi Aquilia. Cependant par cette dernière action il pourra encore obtenir l'excédant qui résulte en certains cas du calcul de cette indemnité fait d'après les principes de la loi Aquilia. Que si le demandeur se réserve l'action de la loi Aquilia, le juge de la publicienne absoudra le défendeur sur le chef de la détérioration. Et on s'arrangera en cas de dénégation du défendeur à l'action de loi Aquilia, de façon à ce que le demandeur n'obtienne que le double, et non pas le triple, ce qui arriverait si après avoir reçu déjà une fois la chose par la publicienne, il avait encore la chance d'avoir le double par l'action de la loi Aquilia. En un mot, il ne faut jamais oublier que l'action de la loi Aquilia est une action mixte ; elle est *rei et pœnœ persecutoria.*

§ II. — *Des fruits*

64. La restitution qu'ordonne le juge comprend avec la chose les fruits perçus depuis la litis-contestation. Quant aux fruits perçus avant la litis-contestation, on distingue si le possesseur est de bonne foi ou de mauvaise foi. Si le possesseur est de mauvaise foi, il doit restituer tous les fruits perçus, séparés du sol, et cela, soit qu'ils existent en nature, soit qu'ils aient été consommés ; pour les fruits consommés il rend la valeur. Si le possesseur est de bonne foi, les Instituts de Justinien décident que les fruits perçus et non consommés doivent être rendus, et que les fruits consommés ne doivent pas être rendus.

Nous croyons que cette doctrine n'est point l'ancienne théorie de la jurisprudence classique.

Selon nous, à cette époque, le possesseur de bonne foi était propriétaire des fruits perçus *ante litem contestatam,* sans distinction entre ceux qui sont consommés et ceux qui ne le sont pas (l. 25, § 1, *de usur. et fruct.*; l. 48, *de adq. rer. dom.*; l. 1, § 2, *de pignor. et hyp.*).

§ III. — *Des impenses.*

65. Le possesseur de bonne foi a pour obtenir le remboursement de ses impenses, un droit de rétention qu'il exerce au moyen de l'exception de dol. Les im-

penses qui lui sont dues sont les impenses nécessaires et les impenses utiles, du moins en règle générale. Nous disons en règle générale, car ce remboursement dépend de l'arbitrage du juge d'après la
loi 38, *de rei vind.* — Cette loi trace les règles suivantes : Si les impenses utiles sont telles que le demandeur les aurait faites lui-même, ou si le demandeur est disposé à vendre la chose, le remboursement
devra avoir lieu, et le demandeur aura le choix de
payer soit le prix de la main-d'œuvre et des matériaux, soit la plus-value. Hors ces deux cas, la restitution des impenses est absolument abandonnée à
l'appréciation du juge. L'équité seule doit lui servir
de guide.

66. En équité, la mauvaise foi n'empêche pas
qu'on ne doive compte des impenses nécessaires,
même de la plus-value des dépenses utiles, car on ne
peut jamais s'enrichir aux dépens d'autrui.

Toutefois les textes (l. 37. Ulp., *de rei vind.* —
L. 7, § 12, *de adq. rer. dom.* — Ulp., l. 27, § 25,
D. *ad leg. aquil.* — Instit. liv. II, t. 1, § 30. — L. 5,
C. Just. *de rei vind.* — L. 1, C. Greg., *de rei vind.*
l. 2, *eod.*) s'accordent à ne donner la rétention au
possesseur de mauvaise foi que pour les dépenses nécessaires ; quant aux dépenses utiles on dit que le
possesseur de mauvaise foi doit s'imputer de les avoir
faites, qu'il ne peut emporter que ce qui est susceptible d'être enlevé sans nuire à la chose, et en la lais-
sant dans son état primitif.

Malgré cela, Cujas (t. VII, p. 290, etc.) a soutenu, que certains jurisconsultes au moins donnaient l'exception de dol au possesseur de mauvaise foi pour obtenir le remboursement de ses dépenses utiles. Il se fonde sur la loi 38 *de hered. petit.* Il ne voit pas pourquoi cet adoucissement à la rigueur de l'ancien droit n'aurait pas été étendu de la pétition d'hérédité à l'action en revendication d'un objet particulier. Toutefois une distinction : le possesseur de bonne foi se fera par l'exception de dol tenir compte de la plus-value d'une chose qui a péri ; le possesseur de mauvaise foi ne le pourra pas.

Celui dont la possession est furtive ou violente n'a pas le droit d'obtenir le remboursement de ses imenses nécessaires (l. 13, *de condict. furtiv.*).

§ 4. *De la perte de la chose.*

67. Quand la chose périt après la litis-contestation, le défendeur est toujours responsable de la perte qui arrive par son dol ou par sa faute.

Mais si la perte arrive sans la faute du défendeur, il faut distinguer s'il est ou non en demeure.

Quand il n'est point en demeure, et il ne l'est point quand il résiste avec juste cause (l. 63, *de reg. jur.*), il n'est pas responsable.

Quand il est en demeure, il est responsable si l'événement qui a fait périr la chose ne l'eût pas frappée

chez le demandeur, ou eût été prévenu par la vente
que celui-ci aurait très-probablement faite.

Même après la perte de la chose, la sentence du
juge est encore nécessaire à cause des accessoires de
l'objet revendiqué, — du part de l'esclave, des
fruits, et aussi à cause des conséquences ultérieures
que peut entraîner la décision actuelle.

§ 5. *De la condamnation.*

68. L'action publicienne est arbitraire. Le juge
avant de condamner le défendeur lui ordonnera donc,
en vertu de son *arbitrium*, de retransférer la possession de la chose au demandeur.

Si la restitution faite ainsi volontairement sur
l'ordre du juge est estimée suffisante, le juge absout
le défendeur.

S'il refuse de restituer, le juge peut lui faire enlever la chose et faire remettre le demandeur en possession de force, par les appariteurs ou huissiers
(L. 68 *de rei vind.*).

Quand la restitution est incomplète, la condamnation
a lieu pour indemniser le demandeur de ce qui y
manque.

Le demandeur, au lieu de faire enlever la chose
au défendeur *manu militari*, peut demander des
dommages-intérêts suivant son *juramentum in litem*, comme au cas où le défendeur aurait cessé de
posséder par son dol ; seulement, à la différence de ce

qui a lieu au cas de cessation de possession par dol, le paiement de la somme est considéré comme agréé par le demandeur en compensation de sa chose. Si, sans dol de la part du condamné, la chose ne peut être restituée, le demandeur ne peut qu'en obtenir l'estimation (L. 68 *de rei vind.*).

DROIT FRANÇAIS

CHAPITRE PREMIER.

Notions historiques sur les Actions possessoires.

SECTION PREMIÈRE.

Droit romain.

Comme la plupart de nos institutions, notre système possessoire a son origine dans le droit romain. Sans doute le droit canonique et le droit germain surtout en nous donnant l'annalité de la possession, ont creusé une différence profonde entre le droit français et les interdits romains ; mais il est vrai de dire, au moins sous le rapport et dans la distinction générale du possessoire et du pétitoire, que les interdits de Rome sont passés chez nous en se transformant sous l'influence de besoins et de principes nouveaux.

A l'origine du droit romain, et tant que dure la procédure des actions de la loi, c'est-à-dire jusqu'à l'époque de Cicéron, la possession ne jouissait que d'une protection en quelque sorte incidente et accessoire aux débats sur la propriété. Le juge devant qui la revendication était portée donnait la possession à celui qui lui offrait le plus de garantie, et cette espèce d'avant-dire droit rendu après la *manuum consertio*, portait le nom de *vindiciæ*.

Plus tard, quand les actions de la loi sont remplacées par la procédure des formules, la protection juridique de la possession est organisée sur une vaste base ; le droit civil de Rome ne protégeait que la possession de bonne foi : à elle seule le double bénéfice de l'usucapion et de l'acquisition des fruits. Le préteur, à l'exemple du droit civil, n'attacha qu'à la possession de bonne foi l'action publicienne, qui, comme nous l'avons vu, donne par anticipation à l'usucapion commencée la protection accordée par le droit civil à l'usucapion accomplie.

Mais bientôt les besoins sociaux, la nécessité du maintien du bon ordre dans le domaine du droit public, l'équité, cette présomption de légitimité qui s'attache à tout ce qui est, donnent naissance aux interdits. L'interdit est une sorte d'édit particulier rendu par le préteur pour rappeler aux parties les principes qu'il veut faire respecter. Le juge est investi du pouvoir de statuer sur l'action à laquelle donne lieu la violation de l'interdit. — Un grand fait propre à la civilisation romaine, la possession de l'*ager publicus* par les particuliers, ouvre une large sphère d'application aux interdits. L'*ager publicus* n'est pas susceptible de propriété privée ; les actions civiles, toutes dirigées au fond vers le *jus dominii*, ne lui sont donc pas applicables. Il faut pourtant bien une institution juridique pour en garantir la possession. M. de Savigny pense que les interdits étaient cette institution.

A Rome, la possession était protégée par trois interdits principaux : 1° l'interdit *uti possidetis* ; 2° l'interdit *unde vi* ; 3° enfin l'interdit *utrubi* qui était relatif à la possession des objets mobiliers.

L'interdit *uti possidetis* et l'interdit *utrubi* sont des interdits *retinendæ possessionis* ; l'interdit *unde vi* est un interdit *recuperandæ possessionis*. — L'interdit *uti possidetis* et l'interdit *unde vi* reposent tous deux sur l'idée d'une violence à arrêter ou à réparer ; seulement dans le premier on appelle *vis* tout acte réalisé en dehors des termes du droit, tandis que dans le second le mot *vis* exprime, sans doute à cause de sa combinaison avec l'idée d'expulsion, ce que nous appelons violence. « *Ad solam autem atrocem vim pertinet hoc interdictum* » (L. 1, § 3, de vi et de vi arm.). Les deux interdits supposent la préexistence de la possession de la part de ceux qui y ont recours ; pour le premier, il faut encore posséder actuellement ; pour le second, n'avoir cessé de posséder que par une voie de fait. L'interdit *uti possidetis* ne protége que la possession exempte de vices, celle qui existe *nec vi, nec clam, nec precario ab adversario*. Pour l'interdit *unde vi*, il y a à faire une distinction suivant qu'il s'agit de violence ordinaire ou de violence armée; dans le premier cas, on exige une possession juridique; dans le second, on se contente d'une posssession vicieuse.

Maintenant, notons quelques différences : l'interdit *unde vi* supposant une violence plus grave, quelque chose d'odieux, n'était pas donné pour ce motif entre l'ascendant et le descendant, le patron et l'affranchi.

— La durée de l'interdit *uti possidetis* était purement annale, il en était de même en principe de l'interdit *unde vi;* nous disons en principe : car il y avait exception dans les deux cas suivants : 1° s'il s'agissait de violence armée; 2° si l'auteur de la violence avait entre les mains un profit de sa violence (D. l. 7, § 5, comm. divid.).

Quant aux meubles, la facilité des mutations de possession rend plus difficile l'appréciation de la question de possession. On exige donc une possession d'une certaine durée, et le bénéfice de l'interdit *utrubi* n'est accordé qu'à celui qui a possédé la majeure partie de l'année.

Inutile de relater une foule d'autres interdits spéciaux destinés à protéger certaines possessions contre des atteintes particulières.

Notons toutefois ceux de ces interdits, dans les formules desquels toute une école de jurisconsultes à cru trouver nos principes français sur la possession annale (1).

(1) Domat, Lois civiles, liv. 3, t. 7, sect. 1, § 16.

Ce sont les interdits *de itinere actuque privato,* — *de aqua quotidiana et œstiva,* — *de fonte* (l. 1, pr. de itin.).

Les mots *hoc anno* de ces interdits ne signifient pas une possession continuée pendant une année entière mais seulement pendant un certain temps de l'année. Ulpien nous l'explique dans deux textes, l. 1, § 2, *de itin.*, et l. 4, *de aq. quot. et œstiv.* Tout ce qu'on veut, c'est une possession vraie, et comme il s'agit de l'exercice de certains droits discontinus dans leur application, on exige une possession constatée par des actes récents et en général accomplis depuis moins d'une année. Il n'y a rien là qui ressemble à l'annalité de notre possession.

Mais ce qui a passé du droit romain dans notre droit français, c'est la séparation du possessoire et du pétitoire. *Nil commune habet proprietasc um possessione.*

Toutefois le possessoire et le pétitoire ne sont dans aucune subordination mutuelle, et ils peuvent être librement cumulés. « *Et ideo non denegatur ei in-* « *terdictum qui cœpit rem vindicare, non enim vi-* « *detur possessioni renunciasse qui rem vindicavit.* » « (D. *de adq. poss.* l. 12. Ulp.) — « *Eum qui fun-* « *dum vindicavit ab eo cum quo interdicto unde vi* « *potuit experiri pendente judicio, nihile ninus in-* « *terdicto recte agere placuit.* » Tel est le système du droit classique.

Mais bientôt les interdits ne désignent plus que les

actions intentées à leur place. « *Perinde judicatur sine interdictis, ac si utilis actio ex causa interdicti reddita fuisset.* » (Inst. Liv. IV., T. 15, § ultim.) Leurs caractères sont modifiés : l'interdit *utribi* est assimilé à l'interdit *uti possidetis*, et l'on n'exige plus de durée de possession.

L'interdit *unde vi* reçoit une immense extension : on applique à la violence simple les règles sévères édictées contre la violence armée ; une possession même vicieuse suffit pour intenter l'interdit. Sa durée, comme celle de toute autre action, est étendue à trente ans (L. 11, C. *unde vi*.). L'auteur de la violence (C. c. 7, *unde vi*), qui enlève une chose indûment, doit perdre la propriété de la chose, si elle est à lui, et en payer la valeur si elle est à autrui. La constit. 2 au Code *unde vi* accorde l'*unde vi* aux citoyens absents dont on aurait enlevé la possession momentanément sans défense. Enfin la loi 8, au code *unde vi*, mentionne un interdit *momentariœ possessionis* ; on a soutenu que cette action *momentariœ possessionis* avait remplacé tous les interdits possessoires (Cujas, *paratit. in Cod. unde vi.* — *Comm. in C. T. unde vi*). Mais alors, pourquoi Justinien aurait-il reproduit dans ses Instituts et ses Pandectes, l'ancien droit des interdits? Toutes ses théories à cet égard ne seraient donc qu'un hors-d'œuvre sans utilité pratique? — Enfin il n'est jamais question de cette action que dans une hypothèse particulière, l'occupation sans violence des biens d'un absent.

L'*actio momentariæ possessionis* ne nous semble être qu'une nouvelle dénomination prise par l'interdit *unde vi* après la disparition de la procédure formulaire.

SECTION II.

Droit canonique.

L'eglise conserva au milieu des ténèbres du moyen-âge, les règles du droit romain en matière d'interdits. Asile de la civilisation qui périssait, elle tendait de tous ses efforts à ressusciter les principes romains, et en cette matière plus qu'en toute autre, ils devaient être adoptés par elle, puisqu'il était éminemment dans son esprit de combattre l'abus de la force. Fusion de tous les interdits possessoires dans deux actions : le *possessorium retinendæ* et le *possessorium recuperandæ possessionis;* application de ces interdits à une foule d'objets nouveaux, aux dignités ecclésiastiques et aux avantages qui en dépendaient, à la jouissance des dîmes, etc.; distinction des débats relatifs à la possession et de ceux concernant la propriété, — sous-distinction du possessoire à fin de réintégration et du possessoire à fin de conservation de la possession, — préoccupation profonde de la nécessité de réprimer la spoliation, — soumission du pétitoire et du possessoire aux mêmes juges (Decr. Greg. l. 2, t. 12. C. 1),—autorisation de les acumuler dans certains cas (Ibid. cap. 2. 3. 5), tels sont en résumé les traits principaux du système possessoire du droit canonique tel que nous le trouvons formulé dans la collection des décrétales composées par Raymond de Pennafort, sous l'autorité de Grégoire IX, en 1234. — Ce sont, nous pouvons le dire, les principes romains conservés. Notons toutefois une innovation réelle du droit canonique. Dans le droit romain, l'interdit *unde vi* était tout personnel. Innocent III, dans sa décrétale *sæpe contingit* (Decr. Greg. lib. 2, t. 13. Cap. 18) impose au tiers possesseur qui a connu la spoliation, l'obligation de la restitution possessoire.

Les jurisconsultes français ont souvent mis en avant le droit canonique à propos de leurs systèmes modernes sur les actions possessoires. Ils ont soutenu que ce droit avait accordé au spolié une action spéciale dispensée des conditions ordinaires de la possession juridique. Ils ont cru trouver dans une decrétale attribuée au pape Jean Ier et remontant à l'année 523, le germe d'une action devenue célèbre chez nous sous le nom de réintégrande, d'après le mot initial de l'un des chapitres qui y sont consacrés. Voici le texte de ce canon : *reintegranda sunt omnia expoliatis vel ejectis episcopis ordir atione pontificum et in eo loco undè abscesserant, funditus revocanda, quacunque conditione temporis, aut captivitate, aut dolo, aut violentia majorum (vel malorum), aut per quascunque injustas causas res ecclesiæ, vel proprias, aut substantias suas perdidisse noscuntur, ante accusationem, aut regularem ad synodum vocatio-*

nem. (Decr. Grat., part. 2, causa 3, quest. 1, cap. 3).

C'est une erreur : ces textes sont exclusivement relatifs à des matières criminelles ; il suffit, pour s'en convaincre, de les rapprocher de ceux qui les accompagnent. Cette décrétale ne fait qu'attribuer aux évêques un privilége admis de tout temps par l'église ; elle donne aux évêques poursuivis criminellement une espèce d'exception dilatoire ; elle prohibe contre eux par respect pour leur dignité l'emploi de toute mesure préventive ; — mais elle ne leur donne pas une action nouvelle ; l'action par laquelle ces évêques se font restituer sera tantôt une revendication, tantôt une action de dol, peut-être l'interdit *unde vi* tel qu'il existe en droit romain. La décrétale suppose un droit d'action préexistant ; elle ne le crée pas, comme l'a fort bien dit M. de Savigny (T. de la pos., p. 586). Il n'est donc nullement question des actions possessoires dans le recueil de Gratien.

Sans doute, lorsque plus tard le droit canonique emprunta au droit romain le principe des actions possessoires, lorsque les actions possessoires apparurent dans les décrétales de Grégoire IX, nous trouvons formulée partout la maxime *spoliatus ante omnia restituendus.* — Mais quelle est sa portée? significe-t-elle, comme on l'a prétendu, qu'avant tout le spolié doit être remis en possession sans qu'on ait à s'inquiéter des qualités de sa possession.

Il nous est impossible de voir dans cette règle autre chose que l'extension faite à l'action possessoire de cette exception dilatoire que nous venons. de trouver mentionnée dans Gratien au profit des évêques expulsés de leur siége.

La maxime n'est donc que la consécration de l'antériorité du possessoire sur le pétitoire, et elle n'énonce pas, comme on veut le soutenir, une action produisant la restitution possessoire par une voie directe. La décrétale *cum dilectus filius* citée aux Etablissements de saint Louis (Decr. Greg., lib. 2, t. 10, c. 2) le dit formellement : « *Verum spoliatione in modum exceptionis tantum probata non est per hoc restitutio facienda.* »

On objecte que la maxime ne peut avoir pour but de formuler la prohibition, de cumuler le possessoire et le pétitoire, puisque plusieurs décrétales autorisent le cumul, notamment *Decr. Greg.*, t. 12, cap. 2, 3, 6.

Nous répondrons qu'en effet, quelques décrétales supposent que par le fait il a été agi au pétitoire en même temps qu'au possessoire. Mais le spolié ne pouvait-il pas renoncer à son exception et accepter de suite le débat sur le terrain du pétitoire? N'est-ce pas la manière la plus simple, la seule manière plausible d'expliquer ces décrétales qui supposent l'existence du cumul, quand on en trouve d'autres qui le proscrivent de la manière la plus formelle.

Notre explication nous semble suffisamment justifiée par les deux citations suivantes :

« *Si actore agente petitorio, reus super eadem re*

« *deducit possessorium, proceditur in solo possessorio,*
« *suspenso petitorio...* » (Decr. Greg., lib. 2., t. 13.
Cap. 10., rubrique).

« *Adversus restitutionem petentem non est au-*
« *diendus reus de proprietate opponens nisi actore*
« *consentiente.* » (Decr. de Grégoire IX, de 1232).

Du reste, cette *exceptio spolii* ne resta pas longtemps dans le droit canonique; ses règles furent mo-
difiées par Innocent IV au concile de Lyon (lib. sex-
tus., lib. 2. T. 5., de rest. spol.), et même par
la suite tout à fait abrogées. (Fleury, 3ᵉ part.
Chap. 6).

Mais de ce qu'il est impossible de trouver la réintégrande dans le recueil de Gratien, de ce que la
maxime *Spoliatus ante omnia restituendus* n'énonce
qu'une exception consacrant l'antériorité du procès
possessoire sur le procès pétitoire, est-ce à dire que
le droit canonique ne fit aucune différence, lorsqu'il
y avait eu violence, ou lorsqu'elle n'avait pas existé?

Des auteurs l'ont soutenu pour le besoin de leur
système. — Mais nous ne croyons pas la proposition
exacte. — S'il en était ainsi, nous ne comprendrions
pas pourquoi l'on trouve dans le recueil de Grégoire IX un titre intitulé *De restitutione spoliatorum.*
— Nous nous demanderions comment l'interdit *unde
vi* tel qu'il avait été organisé par Justinien a pu périr
dans un droit où la tendance manifeste est d'établir
partout le bon ordre.

S'il nous était permis d'émettre en pareille matière une opinion personnelle, nous résumerions ainsi le système du droit canonique sur la matière qui nous occupe.

Le droit canonique conserva dans le *possessorium recuperandæ possessionis* l'interdit *unde vi* avec le caractère qu'il avait dans la législation du Bas-Empire, c'est-à-dire avec la dispense pour le spolié de toute justification d'une possession régulière. Et nous soutiendrions cette opinion en nous fondant sur les probabilités qu'il y a à supposer que l'Église suivait à cet égard les traditions romaines du Bas-Empire, puisque seules elles donnaient satisfaction à son esprit répressif de toute violence.

Mais à ce principe de la dispense d'une possession régulière au profit du spolié, nous admettrions une exception pour le cas de violence.

Deux textes établissent en effet de la façon la plus formelle que le *possessorium recuperandæ possessionis* était refusé au spolié, si sa possession était entachée du vice de violence. La décrétale *olim causam* d'Innocent III approuve un évêque d'avoir repris par force au spoliateur un immeuble appartenant à son église : « *Ex ea vim vi, sicut omnia jura permittunt licite repellens.*» (Decr. Greg. lib. 2. T. 13. Cap. 12). La rubrique de ce canon porte : « *Ingressus possessionem ignorante domino ad quem pertinet potest per ipsum dominum, statim cum sciverit, repelli etiam violenter, nec ex tali repulsione competit contra dominum interdictum possessorium.* » N'est-ce pas dire

que le spolié n'a pas le droit de recouvrer sa possession si elle est violente ?

M. Bélime a pourtant nié cette conséquence que
nous tirons du texte : il a fait observer que dans l'espèce, l'usurpateur dépossédé n'est pas véritablement
possesseur, puisqu'il est de principe en droit romain
que le spolié continue fictivement sa possession, tant
qu'il ignore la spoliation. Si donc le spolié a conservé
sa possession, il n'a fait en usant de violence qu'opposer la force à la force pour défendre son bien, et l'on
ne peut tirer aucune conséquence de ce que cette
violence ne donne pas lieu contre lui à l'interdit
unde vi.

Mais si la décrétale *olim causam* peut à la rigueur
s'expliquer par ces idées assez subtiles tirées du droit
romain, comment expliquera-t-on ce canon de Grégoire IX? « *Super spoliatione conventus, adversus
restitutionem petentem non est (nisi super quæstione
spoliationis) si eum reconveniat, audiendus. Quum
restitutionis petitio in hoc privilegiata noscatur, ut
ipsam intentans non cogatur ante restitutionem spo-
liatoribus respondere. Quanquam ab agendo (spoliatione ab eis in modum exceptionis proposita) repel-
latur* (1).

Ce canon consacre le droit de restitution au profit
du spolié, puis il établit positivement que le spolié qui
agit en restitution sera repoussé si son adversaire

____

(1) Décr. Grég. liv, 2, t. 10, Cap. 4.

prouve avoir été le premier dépouillé par lui ; c'est donc que, pour donner lieu à l'action en restitution, il fallait que la possession ne fut pas violente vis-à-vis de l'adversaire.

Du reste, cette exception pour le cas de violence, est très-facile à expliquer. Elle a été dictée par la pensée même qui avait inspiré le principe, le besoin de répression de la violence. Le droit canonique dispense d'une possession régulière pour frapper le possesseur violent ; mais il ne défend pas la violence contre la violence.

Tels nous paraissent être, nous n'osons pas dire les vrais principes, mais au moins les conjectures historiques les plus probables sur le système possessoire du droit canonique.

SECTION III.

Droit français.

La distinction du possessoire et du pétitoire suppose un état de civilisation déjà avancé, une certaine connaissance du droit. Elle ne fut pas entrevue par les lois barbares, monuments confus où les pénalités et les compensations pécuniaires occupaient beaucoup plus de place que le droit privé. — Toutefois, il est probable que le système romain sur la possession fut conservé pendant le moyen-âge par les populations des provinces méridionales qui continuèrent à être égies par les lois romaines.

Il ne faut pas croire cependant qu'avant la fin du xiiie siècle, la possession en elle-même n'ait été l'objet d'aucune préoccupation de la part des législateurs. Dans le désordre qui suivit l'invasion, l'interdit *retinendæ possessionis* semble avoir été oublié; mais le cas de dépossession violente qui touche de beaucoup plus près à l'ordre public, paraît avoir attiré l'attention des lois barbares. — Ainsi le 161° capitulaire du 6° livre reproduit la loi 7 au cod. *unde vi* avec toutes ses rigueurs contre les possesseurs violents (Walter, corp. jur. germ. t. 2, p. 168). Mais qu'on ne s'y trompe pas ; ce que protégent les capitulaires, ce n'est pas la possession comme droit distinct, c'est la possession considérée comme synonime de terre, aleu, propriété patrimoniale ; et c'est là, suivant nous, pour le dire en passant, qu'il faut aller chercher l'origine de ce principe tout français de la présomption de propriété attachée à la possession.

M. Henrion de Pansey pense que, dès que l'interdit *unde vi* disparut des capitulaires, l'action de nouvelle dessaisine dut le remplacer. Suivant M. de Parieu (p. 85), cette action est aussi ancienne que les origines même de notre droit coutumier : elle remonte au moins au xiie siècle ; on la trouve dans le livre des *Petri exceptiones*, écrit au xie siècle, dans le midi de la France et surtout dans les Assises de Jérusalem, rédigées au xiiie siècle, mais réflétant évidemment un droit depuis longtemps en usage. — Les documents que nous trouvons dans les Assises de

Jérusalem, ou du moins dans le livre de Jean d'Ibelin, qui les a retracées, sont pour nous du plus haut intérêt ; car le droit que les premiers croisés ont apporté en Orient, à la fin du xi* siècle, ne pouvait être autre que le droit qui les régissait antérieurement dans leur patrie. Sous cette rubrique *que l'on deit dire et faire qui viaut recovrer saisine de ce de quoi l'on a dessaisi,* le 64° chapitre de Jean d'Ibelin nous expose le système possessoire du temps et l'action de dessaisine avec des complications qui supposent évidemment des notions préexistantes : — Le nouveau dessaisi doit adresser sa requête au seigneur dans le délai de quarante jours, sans avoir du reste à justifier aucune durée légale de possession. Le seigneur doit faire procéder à une enquête et statuer sans procédure contradictoire. Si le dessaisi laisse passer les quarante jours sans réclamer, il n'a plus que la ressource d'une procédure par *claim* et par *responce* qui entraîne tournois de bataille pour faire valoir son droit à la propriété.

Dans l'ancien coutumier de Normandie, qui remonte à peu près à la même époque, on distingue également entre le *plet* de la propriété et le *plet* de la possession, et, de plus, entre la possession afin d'élever la plainte ou clameur de nouvelle dessaisine, et la possession afin de prescrire la propriété. La première s'acquiert par la levée d'une moisson ; la seconde exige ce qu'on appelle une longue tenue de trente ou quarante ans. — (Echiquier de Normandie, publié par M. Marnier, p. 17 à 20 , 125 à 156).'

Brodeau nous cite comme attestant l'existence de la nouvelle dessaisine avant l'époque de saint Louis, la charte de Saint-Quentin de 1195, et les anciennes traductions françaises du Code de Justinien faites vers l'an 1135 ; aux six premiers titres du huitième livre, on désigne les interdits par les mots de *dessaisine trouble* et de *dessaisine d'héritage.*

Il est donc bien démontré que l'auteur des Établissements de Saint-Louis n'a fait que constater ce qui existait déjà depuis longtemps avant lui, lorsqu'il a posé le droit de la défense possessoire sous forme d'exception préalable autorisée en ces termes : « *Nul ne doit en nulle cort pleder desesis, mais il doit demander sesinne en toute œuvre ou doit savoir se il le doit avoir, et droit dit que il la doit avoir, et n'est mie tenus de respondre dessaisis, ne despouillés, selonc droit escrit en décretales et titre de l'ordre des connoissances* (l. **2**, c. 6).

Vers la fin du xiiiᵉ siècle encore, le possesseur dépouillé par violence était autorisé à se faire justice à lui-même en reprenant son bien les armes à la main ; ou, si cela lui était impossible, en s'emparant de celle des propriétés du spoliateur qui se trouvait le plus à sa portée. — Saint Louis réprima dans ses domaines cet usage barbare. Celui qui reprenait sa chose par force fut tenu de la rendre et même de payer une amende. Le spolié eut, comme nous venons de le voir, le droit d'être réintégré avant tout procès sur la propriété; mais, comme le remarque très-bien M. Alauzet (p. 165), Saint Louis ne fait que reproduire à cet égard les principes des décrétales; il n'invente pas une action nouvelle. S'il l'avait fait, il en eut organisé minutieusement la procédure, or, il renvoie aux usages connus de la cour *laie*.

L'antériorité du possessoire sur le pétitoire apparaît aussi clairement dans le livre de Pierre des Fontaines : « *Se l'un se pleint*, dit l'auteur du Conseil à « un ami (1), *de force fait la loi, s'aucune propriété,* « *il saint Emperères Andrius escrit que en droit pre-* « *mierement connaître de la force que de la pro-* « *priété.* »

La forme dans laquelle le possesseur expulsé de son héritage devait se faire restituer, nous est indiquée par un autre passage des Établissements de Saint Louis.

Celui qui agissait demandait au juge que la chose contentieuse fût enlevée à son adversaire ; le juge exigeait de lui qu'il donnâ' *plège* ou caution de suivre son action, et de payer tous les dommages-intérêts auxquels il pourrait être condamné; s'il refusait, le procès en demeurait là. — S'il donnait *plège*, le juge exigeait un *plège* semblable du défendeur. Celui-ci refusant, la chose était remise au demandeur, qui avait fourni son *plège*. — Si le défendeur se décidait à *contrappléger*, les deux parties étant dans une

(1) Chap. 29, n° 19.

position identique, la chose était mise sous la main de la justice; le juge instruisait ensuite et décidait sur le possessoire ; — c'est ce qu'on appelle la procédure par *applègement* et *contre-applègement*.

Dans les coutumes de Beauvoisis par Philippe de Beaumanoir, bailli de Clermont, vers 1292, les actions possessoires ont reçu un complément remarquable, et apparaissent sous un jour tout à fait nouveau. Nous y trouvons d'abord une action pour le cas de simple trouble, une espèce d'interdit *uti possidetis*, qui accuse le réveil des traditions romaines, et atteste un plus grand besoin de défense dans l'ordre social ; puis surtout, la condition d'annalité qui constitue le caractère original, le fondement et le grand principe de la possession juridique dans notre droit français.

Selon Beaumanoir (chap. 32), trois sortes d'attaques peuvent être dirigées contre la possession : « *C'est à savoir : force, novelle dessaisine et nouvel* « *trouble.* » Pour intenter ces actions, il faut avoir la possession d'an et jour; si les deux parties prétendent avoir la possession d'an et jour, elles feront preuve de leurs dires : « *Et qui mieux preuve il en* » *doit emporter la saisine.* » Celui qui succombait était condamné à une amende de 60 livres. — D'un autre côté, le plaignant ne pouvait agir que dans l'an et jour du trouble, de la spoliation. Passé ce délai, il ne pouvait plus agir qu'au pétitoire : « *Et* « *ne peut mais plaider for sur la propriété.* »

Le cas de nouvelle dessaisine et le cas de force sont assez intimement liés, et Beaumanoir ne semble considérer la force que comme une simple circonstance aggravante de la dessaisine, car il les rapproche en disant : « *Vos poes savoir que nule tex force* « *n'est sans novelle dessaisine, mais novelle des-* « *saisine est bien sans force.* »

Le principe de l'annalité de la possession est formulé dans le passage suivant (1) : « *Qui veut se* « *plaindre de force, de novele dessaisine ou de* « *novel torble, il s'en doit plaindre avant que li ans* « *et li jors soit passés.* » Il est impossible d'exiger, en termes plus formels, la condition d'annalité pour l'exercice des actions possessoires.

Cependant d'autres passages du livre de Beaumanoir ne paraissent point, au premier abord, exiger cette possession d'an et jour. Quelquefois, dit Beaumanoir (chap. 32, § 15), l'action de nouvelle dessaisine peut être intentée sans qu'on ait été en saisine d'an et jour.—Par exemple, si on me dépossède *d'un queval ou d'une autre beste ou de deniers ou de* *meubles quels qu'ils soient.* — Dans la relation d'un procès du temps (§ 22, 23, 24) nous voyons, même dispense d'annalité au cas de dessaisine de meubles. — Beaumanoir nous y apprend de plus que le rétablissement du possesseur actuel des meubles, dans sa possession , n'est souvent que provisoire ; car la per

______

(1) Chap. 32, n° 9.

sonne maintenue en possession de l'objet mobilier peut très-bien perdre sa cause au pétitoire ; — et que même, si les objets mobiliers dont il s'agit sont l'accessoire d'un fonds, comme dans l'espèce citée, l'avoine est l'accessoire du champ, la partie qui a succombé au possessoire a, pour réparer cet échec, non-seulement l'action pétitoire, mais encore l'action possessoire, qu'elle peut intenter à raison du fonds lui-même.

Suivant nous, il n'y a pas autre chose dans ces passages que la révélation d'une quatrième action possessoire, action spéciale aux meubles et dispensée des conditions ordinaires.

C'est donc une erreur que de voir là une action possessoire en cas de spoliation, la réintégrande. Si Beaumanoir avait voulu poser une règle spéciale pour le cas de spoliation violente, il aurait parlé d'action de force. Or, ces textes ne parlent que de nouvelle dessaisine. — Puis, comment supposer que Beaumanoir n'énonçât cette action nouvelle qu'à propos de meubles quand il écrivait à une époque où les biens immobiliers étaient seuls considérés comme dignes de l'estime des hommes ?

Si, dans le procès entre Jehan et Pierre, nous voyons deux procès possessoires se produire successivement, ceci s'explique très-bien par la différence des objets auxquels ces procès s'appliquent. Dans le premier, il s'agit de la saisine de l'avoine ; dans le second, de celle du champ lui-même. — M. Troplong s'est donc trompé quand il a vu dans ce texte la complainte servant en quelque sorte de revanche après le jugement de la réintégrande (*Prescript.*, n° 296).

La division tripartite de Beaumanoir fut plutôt théorique que pratique. Le cas de dessaisine se confondit vite avec le cas de nouveau trouble. Dans le glossaire de Ragueau et Laurière, sur les anciennes coutumes d'Anjou et de Poitou, on voit que le choix de l'action est laissé à la volonté du demandeur. Cette confusion de la dessaisine et du cas de nouveau trouble, dans une action unique, est l'œuvre des praticiens du temps.

La procédure par applégement et contre-applégement qu'on suivait en cas de dessaisine était longue et hérissée de difficultés. Il fallait l'éviter : « On « admit alors par fiction, dit Klimrath (*Trav. sur* « *l'hist. du Dr. Fr.*, t. II, p. 366), que lorsque le « possesseur d'an et jour était dessaissi de *nouvel*, « il ne serait point considéré comme ayant perdu la « saisine, mais comme y étant seulement troublé et « empêché. »

On présenta donc, sous la couleur d'une action possessoire pour simple trouble, l'action possessoire intentée au cas d'une nouvelle dessaisine. — Au reste, pour arriver là, on n'eut qu'à remonter à la théorie qui s'était formée dans le droit romain, théorie d'après laquelle la possession survivait au fait de la détention, était retenue *solo animo*. — L'action pour simple trouble garantit dès lors toutes

les situations. Elle finit par absorber l'action de dessaisine, et un nouveau nom donné à l'action possessoire consacra ce résultat. Il n'y eut plus que l'action
de *saisine et nouvelleté*.

Le Coutumier de Charles VI, livre de pratique du
xıv° siècle, et Laurière sur l'art. 96 de la Coutume
de Paris, attribuent l'invention de cette action à Simon de Bucy, mort président du Parlement de Paris,
en 1358. — Mais il est certain que cette révolution
dans le système possessoire datait d'avant lui. Tout
ce qu'on peut admettre, c'est que ses arrêts ont sanc-
tionné comme règle définitive des résultats déjà pré-
parés par la pratique. « Depuis messire Simon de
« Bucy, dit Laurière, il n'y a plus en France d'autre
« complainte que celle en cas de saisine et nouvel-
« leté. » Ainsi, dans la pratique, il n'y a plus qu'une
action possessoire, la complainte, et elle ne garantit
que la possession juridique, possession qui exige la
condition d'annalité.

Sans doute la diversité des actions possessoires se
conserve encore au fond des doctrines juridiques, et
il y a des auteurs qui, en théorie, enseignent l'existence d'une action spéciale pour réprimer la dépossession violente. Au xv° siècle, Boutheillier qui, dans
sa *somme rurale*, appelle tout interdit action de nouvelleté, parle spécialement de l'action de nouvelleté
de force faite. Guy Pape (Comm. in stat. Delphin.,
p. 18), reproduit la distinction du cas de nouvelle
dessaisine et de nouvelleté. Plus tard, cette nouvelle

dessaisine prend le nom de réintégrande sous l'influence d'un langage emprunté au droit canonique. et quelques jurisconsultes, tout en marquant le rapport qu'a cette action avec l'interdit *unde vi*, établissent des nuances et des distinctions. Imbert (Pratique, liv. 1, chap. 17), nous explique que la réintégrande diffère de l'interdit *unde vi* en ce qu'elle s'exerce contre tous ceux qui détiennent injustement la chose enlevée, en ce qu'elle s'applique aux meubles, en ce qu'elle n'exige pas la possession annale : « N'est pas nécessaire (Liv. I, chap. 17), que le de- « mandeur prouve possession d'an et jour avant la « spoliation, ainsi seulement qu'il était possesseur « au temps de la spoliation. »

Mais suffirait-il à ce moment d'une possession quelconque ? Le passage suivant du même auteur semble repousser une pareille conclusion. « La réin- « tégrande a lieu contre tous qui injustement détien- « nent et occupent, et peut être formée par tous qui « à droit et bonne cause tenaient et exploitaient avant « la spoliation. »

Charondas, dans ses notes sur le coutumier (Liv. II, chap. 21), semble aussi dispenser le demandeur en réintégrande de la condition de possession annale. Il appelle cette action *interdictum momenti sive momentariæ possessionis quæ statim, sine ulla cunctatione, spoliatio restituenda est.*

La réintégrande est nommée encore dans d'autres auteurs, dans Papon, dans ses *Arrêts notables*, dans

Gregorius Tolosanus, dans son *Syntagma juris*; nous la trouvons même dans un monument législatif de 1539, dans l'art. 63 de l'ordonnance de Villers-Cotterets, mais c'est incidemment et toujours sans aucune espèce de détails.

De toutes les coutumes, celle de Bretagne seule (tit. IV, art. 109) paraît avoir admis la réintégrande en la dispensant de la condition d'annalité de possession : « La spoliation vérifiée, doit le spoliateur estre « pris et arresté jusqu'à ce qu'il ait restably ladite « chose spoliée. » Encore cette disposition semble-t-elle contredite par l'article suivant : «Et par la coutume, celui n'attente qui use de son droit. (Duparc-Poullain, t. X, *Princ. du dr. fr.*). »

En résumé, disons donc que si la réintégrande nous apparaît dans quelques auteurs, mentionnée même après Simon de Bucy comme action spéciale au cas de spoliation, c'est plutôt en théorie qu'en pratique et comme une rareté dont les caractères ne sont pas bien définis. Imbert est le seul auteur qui dise expressément que l'on peut intenter la réintégrande sans avoir la possession annale. — Dans les ordonnances rendues par les rois, dans les coutumes, il n'est nullement question de dispense d'annalité pour une action possessoire quelconque; tout, au contraire, prouve qu'il n'y a en pratique qu'une seule action possessoire, l'action de nouvelleté, et que, pour exercer cette action, il faut la possession annale.

« En cas de nouvelleté, dit Loyseau, qu'on ne sau-

« rait trop citer en pareille matière, il faut bien se
« garder de dire qu'on ait été spolié, mais simple-
« ment troublé ou déjeté de sa possession par force. »
Puis, énumérant les conditions requises pour l'exercice de cette action possessoire, il commence précisément par la condition d'annalité : « Qui a joui par
« an et jour d'aucune chose réelle ou droit immobi-
« lier, par soi ou son prédécesseur, *non vi, non clam,*
« *non precario,* en a acquis la saisine et possession,
« et peut former complainte dans l'an et jour du
« trouble à lui fait. »

Voilà, suivant nous, quel était l'état du droit lorsque parut l'ordonnance de 1667. — Dans les art. 1
et 2 du tit. XVIII, l'ordonnance distingue la complainte et la réintégrande ; mais est-ce pour introduire
un droit nouveau, pour dire qu'en cas de violence,
'action possessoire peut être intentée sans être appuyée de la possession annale? — Nullement. — La
distinction n'a d'autre objet que de donner au demandeur en réintégrande le choix entre l'action civile et l'action criminelle. Elle n'est, suivant nous,
que la reproduction de la doctrine traditionnelle que
nous avons retracée tout à l'heure en faisant l'histoire du xvi° siècle.

Parmi les auteurs, les uns, comme Rodier, Bour-
geon, Loysel, Coquille, Argou regardent l'an et jour
comme une condition uniforme tant de la réintégrande que de la complainte. Les autres, plus imbus
des idées romaines, comme Denizart (v° Compl.),

comme Pothier (des cas poss. t. 22, sect. 3, § 2 ; de la compl., n° 52, vol. 2, p. 527), semblent se contenter d'une détention précaire, d'une possession actuelle. « Le possesseur qui a été dépossédé par violence a « cette action, dit Pothier, soit que sa possession fût « une possession civile, ou de bonne foi, soit qu'elle « ne fût qu'une possession naturelle. » — « Pour « demander la réintégrande, dit Denizart, il suffisait « de la possession actuelle au temps où l'on avait été « dépossédé. »

Tel était l'état un peu vague de la doctrine lorsque le décret du 24 août 1790, t. 3, art. 10, attribua aux juges de paix la connaissance « des déplacements « de bornes, des usurpations de terres, arbres, haies, « fossés et autres clôtures, commises dans l'année, « des entreprises sur les cours d'eau servant à l'ar- « rosement des prés, commise. pareillement dans « l'année, et de toutes autres actions possessoires. » — On mentionne les actions possessoires, mais sans les distinguer les unes des autres, sans énoncer les conditions de leur exercice.

Vinrent ensuite le Code Nap. et le Code de procédure. — Si le Code Nap. avait été rédigé sur un plan de législation rigoureux et systématique, la possession y eût trouvé sa place, comme le demandait la Cour de Caen (Fénet., t. 3, p. 459). Mais on était habitué à suivre le plan des anciennes ordonnances ; on renvoya les actions possessoires au Code de procédure civile.

Le Code de procédure s'est borné à parler dans un petit nombre d'articles des actions possessoires en général. Il s'est contenté d'exiger pour les actions possessoires en général et sans faire de distinctions, diverses conditions, notamment l'annalité de la possession et l'annalité de l'exercice de l'action. Encore ce titre fort court n'existait-il pas dans le projet du Code, et ne fut-il ajouté que sur les observations du Tribunat. — Les paroles prononcées dans la discussion par les orateurs du Conseil d'État et du Tribunat n'ajoutent que peu d'éclaircissements. Ce qu'on veut, c'est reproduire les règles de l'ordonnance de 1667 sur la séparation du possessoire et du pétitoire.

La loi du 25 mai 1838, malgré les pompeuses promesses de son rapporteur, n'a point fait cesser les incertitudes. Cette loi se borne, dans son art. 6-1°, à décider que les juges de paix connaissent à charge d'appel « des entreprises commises dans l'an-
« née sur les cours d'eau servant à l'irrigation des
« propriétés, et au mouvement des usines et moulins
« sans préjudice des attributions de l'autorité admi-
« nistrative dans les cas déterminés par les lois et
« les règlements ; des dénonciations de nouvel œu-
« vre, complaintes, actions en réintégrande, et au-
« tres actions possessoires fondées sur des faits éga-
« lement commis dans l'année. »

De là dans la théorie des actions possessoires un vide énorme que la doctrine et la jurisprudence se sont efforcées de combler avec l'histoire. Elle seule peut, en effet, porter la lumière sur les points que nos lois actuelles ont laissés dans l'obscurité. C'est pour cela que nous avons donné ces développements, un peu longs peut-être, à la partie historique de notre thèse.

CHAPITRE II.

Des Actions possessoires.

Les actions possessoires sont les voies judiciaires ouvertes à celui qui est troublé dans sa possession légale, pour se faire maintenir ou réintégrer dans cette possession. — Elles ont pour caractère original de n'exiger aucune autre preuve pour être fondées que la preuve de la possession même, et par suite de ne pouvoir pas être écartées par l'allégation d'un droit supérieur de la part du défendeur.

Elles reposent sur deux raisons : la présomption naturelle qui s'attache à la possession, signe ordinaire de la propriété, et le besoin de maintenir le bon ordre social, bon ordre qui n'existerait pas si la possession pouvait être impunément troublée par des voies de fait.

Suivant nous les diverses actions posssessoires ne sont plus aujourd'hui que des cas particuliers de la complainte. Les différents noms donnés à ces actions peuvent encore se justifier par la différence des cas auxquels elles s'appliquent, mais nullement par la différence de leurs règles intrinsèques.

SECTION PREMIÈRE.

De la Complainte.

Le mot complainte était autrefois un terme générique servant à désigner toutes les actions. De nos jours, l'expression ne s'applique plus qu'à l'action possessoire. La complainte est l'action par laquelle le possesseur légal, troublé daus sa possession, demande à y être maintenu.

Toute atteinte au droit de propriété ne constitue pas un trouble donnant lieu à la complainte. Le délinquant qui chasse sur mon terrain, et le voleur qui prend les fruits de mon verger, peuvent être actionnés en dommages-intérêts, poursuivis criminellement ; ils ne peuvent être actionnés en complainte. La complainte a pour but de protéger la possession. Il suit de là, par une conséquence évidente, qu'il faut qu'un fait porte atteinte à la possession pour constituer un trouble donnant lieu à la complainte. Or, ce caractère de trouble de la possession ne se rencontre que dans l'acte qui emporte prétention à un droit de propriété ou de servitude sur la chose possédée. Peu importe d'ailleurs que le fait de trouble soit insuffisant pour faire acquérir la possession à son auteur ; peu importe qu'il ne cause aucun préjudice réel au plaignant, cette première attaque peut lui en faire redouter de nouvelles ; il lui importe dès lors de faire constater sa possession par la justice, de faire défendre à son adversaire de l'y troubler de nouveau.

C'est donc bien plus dans l'intention que dans le fait matériel, considéré en lui-même, que gît le caractère du trouble possessoire. Ce sera souvent la réplique du défendeur qui déterminera si l'action est ou non possessoire. S'il déclare qu'il a agi dans son droit, sa prétention rivale est bien établie, il y a trouble ; c'est une action en complainte qui est portée devant le juge de paix. Si le défendeur, au contraire, décline toute prétention sur la chose dont le demandeur est possesseur, l'action n'est plus possessoire. Le juge de paix doit se dessaisir, à moins que le fait incriminé ne rentre dans sa compétence à un autre titre. S'il s'agit, par exemple, d'un dommage fait aux récoltes, il statuera conformément à l'art. 5 de la loi du 25 mai 1838, sans qu'une nouvelle citation soit nécessaire.

Nos anciens auteurs ont toujours distingué deux sortes de trouble : le trouble de fait et le trouble de droit. « Trouble s'entend, dit Loysel, non seulement « par voie de fait, mais aussi par dénégation judi- « ciaire. » (Inst. Cout., Liv. IX, t. 5, n° 12.)

Le trouble de fait est celui qui consiste dans une atteinte matérielle portée à la possession d'autrui en vertu d'une prétention contraire à cette possession. Ainsi il y a trouble de fait quand on se met à labourer mon champ, à enlever ma récolte, à combler mon fossé, à clôre un héritage sur lequel j'ai un droit de passage. J'aurai également la complainte pour trouble de fait contre mon fermier, s'il se met à faire sur mon fonds des actes de maître, si, à l'expiration de son bail il refuse de sortir en alléguant qu'il est propriétaire. Sans doute j'ai déjà contre lui l'action qui résulte à mon profit du contrat de louage, mais ça n'est pas une raison pour me refuser, comme le fait M. Zachariæ (t. 1, § 190), l'action possessoire? Que me manque-t-il donc pour agir en complainte? Ne suis-je pas possesseur et n'y a-t-il pas trouble de fait? La circonstance que l'acte émane du fermier et non d'un tiers, peut-elle changer quelque chose aux principes?

Le trouble de droit est celui qui résulte d'une sommation, d'une action en justice ou de tout autre acte extrajudiciaire équivalent qui sans me causer un préjudice matériel implique néanmoins une prétention à un droit sur la chose dont je suis possesseur. — Ainsi il y a trouble de droit quand mon voisin me fait sommation de n'avoir pas à bâtir sur mon terrain, parce qu'il a la servitude *altius non tollendi;* quand mon fermier me signifie qu'il ne paiera plus ses fermages parce qu'il a découvert qu'il était propriétaire du fonds que je lui avais loué; — quand un garde-champêtre dresse procès-verbal contre moi sous prétexte qu'en creusant un fossé le long de mon champ j'anticipe sur la commune.

Mais il ne faut pas considérer comme des troubles de droit de simples propos sans conséquences juridiques (1). Ainsi j'aurai beau publier que je suis propriétaire de votre fonds, que vous me l'avez vendu, ce ne sera pas la un trouble pouvant donner lieu à la complainte. — Il faut en dire autant de la vente qu'un tiers passerait de mon héritage, de l'inscription hypothécaire qu'il prendrait sur mon immeuble. Ces faits n'entravent pas ma possession, ma libre jouissance de la chose ; ils peuvent diminuer mon crédit, et, par là, faire naître à mon profit une action en dommages-intérêts ; mais le crédit d'un homme et sa possession n'ont rien de commun.

La complainte formée contre une personne est un véritable trouble de droit à sa possession. Aussi est-il d'usage, en pareil cas, de conclure reconventionnellement à être maintenu dans cette possession contestée. — Il n'en est pas de même de la revendication que le propriétaire intente contre le possesseur, car revendiquer c'est rendre hommage à la possession de son adversaire, puisqu'on ne revendique que contre le possesseur.

Les actes de l'autorité publique ne peuvent jamais servir de fondement à la complainte. Un juge de paix ne peut pas être appelé à apprécier les mesures de l'administration ; ce serait permettre au pouvoir judiciaire d'empiéter sur le pouvoir administratif.

(1) L'art. 103 de la Cout. de Bretagne autorisait l'action possessoire même au cas de simples menaces, *trouble comminé.*

Ainsi, qu'un maire, en vertu du droit que lui donne la loi du 24 octobre 1790, dans l'intérêt de la sûreté de la voie publique, ordonne d'urgence la destruction d'un mur menaçant ruine, on ne pourra attaquer son arrêté devant le juge de paix ; il faudra se pourvoir devant l'autorité administrative supérieure, devant le préfet. Il en serait autrement si le maire représentait l'intérêt privé de la commune considérée comme propriétaire. Ainsi j'ai déposé des matériaux sur un terrain qui m'appartient ; le maire me prescrit par arrêté d'avoir à les enlever, comme encombrant la voie publique ; j'aurai la complainte contre lui, car c'est en manifestant une prétention à la propriété de mon terrain qu'il a ordonné le déblaiement, et la circonstance que j'ai la commune pour adversaire ne peut pas être une raison pour me priver d'une juridiction qui est de droit dans toutes les questions de propriété (Merlin, *Répert. compl.*, § 4 ; Belime, n° 339, etc.).

La complainte n'est pas la seule ressource donnée au possesseur troublé. Les voies de fait, les dommages, les rapines dont il est victime peuvent être prévus à la fois par les lois pénales et les lois civiles, et donner lieu à un concours d'actions entre lesquelles le possesseur aura à choisir celle qui lui donnera plus prompte ou plus sûre justice.

Ainsi la suppression ou le déplacement d'une borne constitue un trouble de fait pour la complainte, et en même temps donne lieu à une action qui peut

être portée devant le tribunal de police correctionnelle d'après l'art. 456 du C. pén. — Ainsi les dommages causés aux propriétés voisines par des inondations dues à l'élévation du déversoir d'un étang au
dessus de la hauteur déterminée par l'autorité administrative, peuvent donner lieu à une citation en
complainte, ou à une citation en police correctionnelle conformément à l'art. 457 du C. pénal, ou enfin
à cette action civile pour *dommages faits aux champs,
fruits et récoltes*, que l'art. 5 de la loi du 25 mai 1838
place dans les attributions du juge de paix. — On
peut encore citer comme exemples les espèces prévues par les art. 438 et 444 du C. pénal.

Dans l'action criminelle, le juge prononce une
peine et des dommages-intérêts sans pouvoir statuer
sur la possession, comme l'ordonnance de 1667 lui
en donnait la faculté en cas de réintégrande. — Au
contraire, le juge de paix, saisi de l'action possessoire, ne peut prononcer de peine, mais il doit décider la question de possession et régler la position des
parties pour l'action pétitoire. — L'action possessoire
ne peut s'intenter que dans l'année du trouble, l'action p. r la voie correctionnelle peut s'intenter pendant trois ans (art. 638, Inst. crim.).

Il faut se garder de confondre l'action pour déplacement de bornes avec l'action de bornage. Le déplacement de bornes est un trouble de fait, un cas de
complainte. Le plaignant demande que la borne soit
replacée là où elle était, et cela parce qu'elle y était.

La question est possessoire et de la compétence du juge de paix. — L'action en bornage, au contraire, est pétitoire. Il s'agit de savoir quelle est la limite respective de deux héritages, et, ce point constaté, d'y établir définitivement des bornes pour éviter toute incertitude à l'avenir. C'est une question de propriété qui est en jeu.

La loi de 1838 attribue au juge de paix la connaissance des actions en bornage, *lorsque la propriété ou les titres qui l'établisseut ne sont pas contestés.* — Ces expressions présentent une grave difficulté. Comment comprendre un procès en bornage sans contestation sur la propriété ou sur les titres? Car, de deux choses l'une : les parties sont ou ne sont pas d'accord sur les limites de leurs héritages : si elles sont d'accord, il ne peut y avoir procès; si elles ne sont pas d'accord, il y a litige sur la propriété, car discuter des limites, discuter l'emplacement des bornes, c'est évidemment discuter une question de propriété.

Que faut-il donc entendre par une action en bornage de la compétence du juge de paix.

On le demanda, dans la discussion de la loi, au rapporteur de la commission devant la Chambre des députés (Monit. du 23 avril 1838), et voici ce que répondit M. Amilhau : « Lorsque le titre n'est pas « contesté ou que les parties ne sont pas d'accord « sur le lieu du bornage, chacun remet les titres au « juge de paix, qui fait une visite des lieux et qui

« ordonne que la borne sera plantée à l'endroit dé-
« terminé par un expert. Si l'on conteste le titre,
« alors c'est une question de propriété ; il faut aller
« devant les tribunaux ordinaires. » La réponse, il
faut en convenir, n'est guère satisfaisante. Nous
croyons pourtant y voir l'intention de ne soustraire
à la compétence du juge de paix que la question
de propriété résultant des titres, et par suite l'intention du législateur de ne considérer comme
contestations de propriété que les contestations de
titres. Quand le 2° de l'art. 6 parle de propriété et
de titres non contestés, il n'entend donc exprimer
qu'une seule et même idée, l'idée de la propriété
résultant des titres. — Mais, une fois les parties
d'accord sur le titre, c'est le juge de paix qui déterminera l'emplacement des bornes. Sans doute, jusqu'à
un certain point, il décidera par là des questions
de propriété, mais l'importance minime de ces
questions les a fait ranger dans ses attributions.

Maintenant, il ne faudrait pas accuser de cumuler
le pétitoire avec le possessoire le juge de paix qui,
saisi d'une plainte en trouble, donnerait ordre de
planter des bornes afin d'établir jusqu'à quel point
il entend maintenir la possession. Cet ordre est la
conséquence du droit qu'il a de statuer sur la possession respective des parties. Du reste, les bornes ainsi
plantées ne sont que provisoires, et le procès sur
l'action en bornage ou sur l'action pétitoire peut seul
en fixer définitivement la place (Cass. 29 av. 1814.
— 26 janv. 1825).

La complainte se donne non-seulement contre l'auteur du trouble, mais encore contre ses héritiers et ses successeurs universels, car ils succèdent à toutes ses obligations, même à celles qui proviennent d'un délit ou d'un quasi-délit. — Quant aux successeurs particuliers, acheteurs, donataires, légataires, ils ne peuvent être actionnés en dommages-intérêts pour les troubles commis par leur auteur; ils ne sont pas personnellement tenus de ses obligations; mais on peut demander contre eux le rétablissement dans sa possession, comme on peut le demander contre toute personne qui detient l'objet dont on a été dépossédé.

En droit romain, l'action de l'interdit ne se donnait pas contre l'héritier de l'auteur de la violence (Inst. de perp. et temp. act., § 1). Mais on avait contre lui et contre tous les autres successeurs universels une action *in factum* pour tout ce qui leur était parvenu, *in id quod ad eos pervenit* (Ulp. l. 1, § 48 *de vi*). — Quant aux successeurs particuliers, ils n'étaient tenus de rien, aucune obligation ne leur était transmise (Ulp. l. 3, § 19 *uti poss.*). A plus forte raison n'était-on pas tenu de l'interdit, par cela seul qu'on possédait la chose qu'un autre avait ravie par violence (Paul, l. 7 *de vi*).

Il faut considérer comme étant les auteurs du trouble ceux qui l'ont ordonné, qui l'ont fait commettre par leurs mandataires ou les gens à leurs gages. La complainte sera intentée contre eux comme s'ils avaient eux-mêmes commis le trouble.

C'était une vieille maxime de notre droit coutumier que *complainte sur complainte ne vaut.*

Le sens de cette règle tel que nous le présentent tous nos anciens praticiens est que si deux personnes plaident au possessoire à l'occasion d'un héritage dont un tiers croit avoir la possession, ce tiers ne doit pas former contre elles une nouvelle complainte, mais faire opposition à celle qui est déjà engagée en demandant à intervenir. Cette maxime n'était donc qu'une règle de procédure ayant pour but de fondre deux procès en un seul (Imbert, prat. jud., lib. 1, chap. 16).

De nos jours on en a donné une nouvelle interprétation. On y a vu écrite la prohibition pour celui qui avait une fois succombé au possessoire de se faire maintenir dans la possession qu'il aurait conservée ou reprise postérieurement au jugement, lors même que cette possession serait annale et satisferait à toutes les autres conditions. — La cour de cassation a consacré cette doctrine en disant que *le demandeur ne pouvait plus avoir eu qu'une possession précaire* (arrêts 12 juin 1809 ; 17 mars 1819).

Est-il donc vrai cependant qu'après avoir été condamné au possessoire on ne peut avoir qu'une possession précaire? — Le possesseur précaire est celui qui détient pour autrui (2228 C. N.). Dans l'espèce le demandeur détient si peu pour autrui qu'il n'a jamais songé qu'à contester le droit du défendeur. Il a succombé une première fois, mais depuis ce temps il a pu acquérir une possession annale réunissant tous les caractères voulus. Peut-être est-il intervenu à son profit une vente, une donation ou tout autre acte translatif de la posssession? — L'adversaire démontrera s'il le peut, que cette nouvelle possession manque des conditions essentielles, mais il ne peut, pour faire sa preuve, invoquer éternellement le premier jugement qui a statué sur une autre possession, sur un objet tout différent. Cette première décision ne préjuge en rien la question débattue au nouveau procès (Rebuffe, de ma er. poss., art. 6, glos. 1).

SECTION II.

De la réintégrande.

Nous avons vu que la complainte proprement dite s'intentait lorsque le possesseur avait éprouvé un trouble de droit ou de fait dans sa possession; quand le trouble constitue une voie de fait et va jusqu'à la dépossession, l'action possessoire prend le nom de réintégrande.

L'art. 6-1°, de la loi du 25 mai 1838 énumère la réintégrande parmi les actions possessoires de la compétence du juge de paix. Le Code de procédure ne la nomme pas; il ne parle que d'actions possessoires en général. Et dans la loi de 1838 pas plus que dans le Code de procédure on ne trouve de disposition qui distingue les conditions d'exercice ou les effets de la réintégrande, des conditions ou des effets de la complainte. Il semble donc que les deux actions ne diffèrent que par la circonstance aggravante de violence, par la nature du trouble qui leur donne naissance.

C'est cependant une des questions les plus controversées entre les auteurs que celle de savoir si la réintégrande est une variété de la complainte, une action possessoire soumise aux diverses conditions exigées par l'art. 23 du Code de procéd. pour les actions possessoires en général, ou si c'est une action spéciale, distincte, autre que les actions possessoires ordinaires, donnée à un possesseur quelconque, à celui qui ne possède que depuis quelques jours, à celui qui possède violemment ou clandestinement, enfin à celui qui ne possède que précairement, ou qui, pour mieux dire, ne possède pas du tout, comme le locataire ou le fermier.

La Cour de cassation soutient cette dernière opinion et formule à cet égard un système complet dont les diverses parties s'enchaînent avec toute la rigueur d'une logique sévère. — Ce système s'est reproduit dans des arrêts nombreux dont nous citons les plus importants ;

1° « La cour de Cassation décide que l'action en « réintégrande est valablement intentée par celui « qui ne possède qu'à titre précaire, tel qu'un fer- « mier. — Arrêt de rejet du 10 nov. 1819 ; — tel « qu'un antichrésiste ; — Arrêt de rejet du 16 mai « 1820.

2° Arrêt de Cassation du 10 août 1839 : « La Cour,

« vu l'art. 2060 du Code civ. ; — attendu que l'ac-
« tion en réintégrande généralement admise dans
« l'ancienne législation française, ainsi que l'atteste
« un titre spécial de l'ordonn de 1667, loin d'être
« abrogée par la législation nouvelle, est considérée
« comme étant en pleine vigueur par l'art. 2060 du
« Code civ. ; — attendu que pour donner matière à
« l'exercice de l'action en réintégrande la possession
« n'a pas besoin de réunir toutes les conditions que
« la loi exige du possesseur soit pour prescrire aux ter-
« mes de l'art. 2229 du Code civ., soit même pour
« exercer l'action en complainte possessoire, aux
« termes de l'art. 23 du Code de procéd. civ. ; —
« Qu'il suffit au demandeur de prouver qu'il avait
« la possession de pur fait, c'est-à-dire la détention
« naturelle et purement matérielle de la chose, au
« moment où la voie de fait a été commise,
« casse, etc. »

3° Arrêt du 28 décembre 1826 ; « A l'égard des ac-
« tions possesoires *ordinaires*, le jugement assure au
« possesseur une possession civile, légale, définitive
« et qui ne peut être renversée qu'au pétitoire, tan-
« dis qu'à l'égard de la réintégrande, le jugement ne
« rend au détenteur que sa jouissance momentanée,
« matérielle, provisoire, qui peut être anéantie,
« *même au possessoire.* »

4° Arrêt du 5 avril 1841 : « La Cour ; vu l'art. 2060
« du Code civil : — Attendu, en droit, que nul ne
« peut se faire justice à soi-même ; que celui qui a été

« dépossédé par violence ou voie de fait doit, avant
« tout, rentrer dans sa possession ; que c'est sur ces
« principes conservateurs de l'ordre social et de la
« paix publique que repose l'action en réintégrande. »
5° Arrêt du 23 novembre 1846. « Attendu que
« cette action, reconnue et consacrée par l'art. 2060
« du Code civil et par l'art. 6, n° 1, de la loi du
« 25 mai 1838, a dû conserver son caractère essen-
« tiel ; qu'ainsi elle doit être exceptée de la disposi-
« tion de l'art. 23 du Code de procédure qui exige
« la possession paisible du demandeur depuis une
« année ; — Attendu que ne pas admettre cette
« exception, ce serait méconnaître le principe que
« celui qui est violemment dépossédé doit avant tout
« être rétabli dans sa possession, et créer une sorte
« de droit de se faire justice à soi-même. »

Les arguments que la Cour de cassation invoque
dans ses arrêts peuvent se diviser en trois classes :
1° Arguments tirés de l'histoire ;
2° Arguments tirés du texte des lois ;
3° Arguments fondés sur l'équité, sur l'ordre public.

1° *Arguments historiques.*

On invoque l'ancienne législation, l'ordonnance
de 1667.
Rappelons brièvement les faits constatés dans nos
notions historiques.
Dans le droit canonique, il est impossible de trou-

ver la *création* d'une action en réintégrande. La maxime : *Spoliatus ante omnia restituendus*, n'énonce point une action nouvelle, mais une exception prohibant le cumul du possessoire et du pétitoire. Il est seulement probable que le *possessorium recuperandæ possessionis*, conservant les règles de la législation romaine du Bas-Empire, se donnait même à une possession vicieuse, mais seulement à une possession *animo domini*.

Dans notre ancien droit français, nous avons vu, au xiiie siècle, Saint Louis prendre des mesures sévères contre les violences, les guerres privées ; mais il n'est jamais question des conditions de la possession.

Beaumanoir a bien véritablement exposé un système possessoire nouveau ; mais les paragraphes 15, 22, 23 et 24 de son chapitre 32, qui parlent d'une action possessoire dispensée de l'annalité, n'ont pas trait au cas de spoliation ; ils sont relatifs à une action particulière aux meubles. — Tout ce que nous pourrions admettre (et encore n'est-ce là qu'une conjecture gratuite), c'est que cette action de force sur laquelle Beaumanoir ne donne aucun détail, fût l'action en réintégrande telle qu'on veut la ressusciter aujourd'hui.

Mais, après Beaumanoir, on sera bien forcé de nous accorder que, par suite de la révolution possessoire attribuée à Simon de Bucy, il n'y eut plus dans la pratique française qu'une seule action possessoire, action de saisine et nouvelleté, et que cette action exigeait la condition d'annalité pour être exercée utilement. Nous reconnaissons toutefois que, dans la doctrine, des auteurs continuèrent à distinguer deux actions possessoires et à formuler, pour la réintégrande, une théorie spéciale, qu'Imbert même revendiqua pour elle la dispense d'annalité.

Dans l'ordonnance de 1667, nous trouvons la distinction des deux actions; mais il n'est pas fait mention des conditions de leur exercice. De là les opinions les plus divergentes. Un grand nombre d'auteurs exigent, pour la réintégrande comme pour la complainte, une possession annale. Ferrières (v° Réintégr., § 20), dit que pour intenter l'une ou l'autre de ces actions, il faut avoir été troublé ou déjeté de la possession paisible où l'on était pendant un an et jour, et cela *nec vi, nec clam, nec precario ab adversario*. D'autres auteurs supposent que pour exercer la réintégrande il suffit d'une possession vicieuse (Pothier, de la Poss., n° 114), d'une possession actuelle (Denizart, v° Compl.); mais il faut une possession *animo domini*, et Pothier (n° 114 *in fine*) refuse la réintégrande au fermier par cette raison toute simple qu'il ne possède pas, et que celui-là seul qui possède peut être dépossédé. Tous admettent que ce n'est pas la dépossession, mais simplement la violence ou voie de fait qui l'accompagne qui caractérise la réintégrande. « On appelle action en réintégrande, nous « dit Pothier, l'action de complainte lorsqu'elle se « donne pour le cas de force et de dessaisine, c'est-à-dire dans lequel le possesseur n'est pas seulement troublé mais a été dépossédé par violence. » — Tel est, suivant nous, le véritable état des choses.

En présence de faits aussi contradictoires, aussi douteux, peut-on dire que l'histoire fournit des arguments invincibles? A supposer, ce que nous voulons bien qu'il soit vrai historiquement, que la réintégrande ait existé dans notre ancien droit, un fait évident à nos yeux ressort de l'étude retrospective de nos anciens auteurs, c'est la tendance de tous à confondre dans la pratique la réintégrande et la complainte. Eh bien! nous le demandons, pour résoudre une question d'intention de la part des rédacteurs de nos Codes, ne faut-il pas plutôt se référer au droit pratique qu'aux théories de la jurisprudence? N'est-ce pas avec les usages, avec la pratique que s'est fait le Code Nap., que s'est fait surtout le Code de procédure?

Dans la discussion du Code de procédure civile, l'orateur du Tribunat disait : « Le Code décide, « comme l'ordonnance de 1667, que l'action pos- « sessoire doit être formée dans l'année du trouble, « mais *il ajoute, ce que la jurisprudence seule avait* « *établi, que celui qui forme cette action doit être* « *en possession depuis un an au moins.* » Le législateur a sous les yeux l'ordonnance de 1667, ordonnance qui distingue entre la complainte et la réintégrande. Il déclare qu'il fait une innovation, qu'il exige ce que l'ordonnance n'exigeait pas, une possession annale de la part du demandeur à l'action possessoire ; et, après une manifestation si claire, si précise, si solennelle de sa pensée, on pourrait distinguer encore et décider que l'innovation dont il s'agit s'applique à la complainte et non à la réintégrande ?

Puis, enfin, nous aurons toujours à présenter cette objection à la thèse historique de la Cour de cassation : si on prend dans l'histoire l'action en réintégrande, il faut la prendre telle que l'histoire nous la donne, l'appliquer aux meubles, la refuser au fermier qui ne possède pas, la donner même après l'année (Pothier, n° 124.) Il n'est pas permis, quand on interprète la loi, de poser des règles qui ne sont écrites nulle part et de prendre un peu partout des principes qui n'ont jamais été consacrés législativement pour fabriquer une action à sa façon, une réintégrande toute composée de pièces et de morceaux.

2° *Arguments tirés du texte des lois.*

La Cour de cassation invoque l'art. 2060 et le combine avec la loi de 1838. La contrainte par corps a lieu, aux termes de l'art. 2060, *en cas de réintégrande pour le délaissement, ordonné par la justice, d'un fonds dont le propriétaire a été dépouillé par voies de fait.* Il suit de là, dit-on, que la réintégrande est une action spéciale, distincte de la complainte, soumise à des conditions différentes d'exercice, n'exigeant pas une possession véritable, mais une simple détention de fait.

On ne peut le méconnaître, la réintégrande produit un effet spécial, la contrainte par corps ; mais en
faut-il conclure que les conditions de son exercice
sont différentes de celles de la complainte? La conséquence ne nous semble nullement découler des pré-
misses posées.

Les textes nous semblent clairs. D'un côté, nous
avons l'art. 23 du Code de procédure qui régit la
matière des actions possessoires; de l'autre, l'art. 6,
1°, de la loi de 1838 qui classe la réintégrande dans
la catégorie des actions possessoires. — L'art. 23 du
Code de procédure pose les principes : « Les actions
« possessoires ne seront recevables qu'autant qu'elles
« auront été formées dans l'année du trouble par
« ceux qui, depuis une année au moins, étaient en
« possession paisible, par eux ou les leurs, à titre
« non précaire. » Le Code de procédure ne croit pas
devoir rappeler les noms particuliers de complainte,
réintégrande, dessaisine, nouvelleté, qui appartiennent à la doctrine. Pour toutes ces actions, une seule
dénomination, *actions possessoires;* pour toutes ces
actions possessoires, des conditions d'exercice semblables : 1° une possession véritable; 2° une possession annale.

La loi du 25 mai 1838 vient plus tard reproduire
les diverses dénominations des actions possessoires;
mais est-ce pour abroger l'art. 23 du Code de proc.,
pour faire de la réintégrande une action possessoire
autre que les actions possessoires ordinaires? —

L'art. 6, 1°, de la loi porte : « les juges de paix con-
« naissent à charge d'appel des dénonciations de
« nouvel œuvre, complaintes, actions en réinté-
« grande, et autres actions possessoires. » N'est-ce
point là une assimilation absolue de la réintégrande
et des autres actions possessoires? Les actions possessoires ne sont-elles pas le genre dont la réintégrande
est une des espèces? En présence de cet art. 6,
1°, peut-on soutenir que la réintégrande n'est pas une
action possessoire ordinaire?

Dans l'exposé des motifs de la loi de 1838,
M. Barthe disait : « Le législateur ne doit plus aban-
« donner aux variations de la jurisprudence la solu-
« tion de quelques questions controversées ou qui
« pourraient l'être. Dans ce dessein, le projet ajoute
« à l'art. 10 de la loi du 24 août 1790 en s'expli-
« quant au sujet des entreprises commises dans l'an-
« née sur les canaux servant au roulement des usines
« et moulins et *en classant formellement au nombre*
« *des actions possessoires* les dénonciations de nou-
« vel œuvre, la complainte qui s'exerce en cas de
« trouble apporté à une possession, la réintégrande
« qui suppose la spoliation ou dépossession. » —
C'est à la suite de ces motifs qu'arrive l'art. 6, n° 1,
qui place sur la même ligne, sans distinction aucune,
la réintégrande, la complainte, la dénonciation de
nouvel œuvre, qui range ces actions dans la catégorie
de celles que la loi a qualifiées possessoires, c'est-à-
dire de celles qui sont qualifiées et régies par l'art. 23

du Code de procéd., et dont l'exercice exige absolument : 1° une possession véritable, 2° une possession annale.

Il nous semble qu'il n'y a rien à répondre à ce syllogisme de Toullier : « La réintégrande est une « action possessoire; or, l'action possessoire n'est « recevable qu'autant qu'elle est exercée par ceux « qui, depuis une année au moins, sont en posses- « sion, par eux ou les leurs, à titre non précaire; « donc la réintégrande ne saurait compéter à celui « qui n'a pas une possession annale non précaire. »

Faisons une dernière remarque : dans le système de la Cour de cassation (Arrêt du 28 déc. 1826), il y a lieu, après l'instance en réintégrande, à une instance possessoire; il y a deux procès au posses-soire, l'un sur la simple détention, l'autre sur la possession civile de la chose enlevée. — L'orateur du gouvernement disait pourtant, sur l'art. 23 du Code de procédure, qu'on voulait tracer une marche *simple, peu dispendieuse et qui conduisît au but.*

Est-ce une marche *simple* que celle qui divise en deux parties un procès qui peut se juger en une seule fois?

Est-ce une marche *peu dispendieuse* que celle qui oblige aux frais de deux procédures, de deux juge-ments, alors qu'un seul jugement pourrait terminer le litige?

3° Arguments fondés sur l'équité, sur l'ordre public.

On craint les conflits, les rixes, les violences ; on ne veut pas pousser les particuliers à usurper les droits de la puissance publique et à se faire justice à eux-mêmes. En second lieu, il n'est pas équitable de préférer le spoliateur au spolié parce que celui-ci n'a pas possédé pendant un an, et lors même que le spoliateur n'est autre que le propriétaire, il est vrai de dire que la faveur qui s'attache à son titre doit disparaître et s'anéantir sous la tache ineffaçable des voies de fait par lesquelles il a prétendu assurer le triomphe de son droit.

Ce sont ces considérations qui semblent exercer l'influence la plus décisive sur l'esprit des jurisconsultes qui dispensent la réintégrande des conditions requises par l'art. 23 du C. de pr. pour l'exercice des actions possessoires en général. — Et nous le comprenons. — Il y a là quelque chose de fondé. Toutefois nous répondrons à la première de ces considérations que le danger est plus apparent que réel, que, dans l'état actuel de nos mœurs, on ne verra guère se produire de pareilles voies de fait ; à la seconde, que le droit du simple détenteur, si respectable qu'il soit, n'est pas consacré par la loi ; que le droit de possession n'existe que par la puissance de la loi, et que la loi ne protége que la possession qui réunit les caractères énumérés dans l'art. 23 du C. de proc. Celui qui est troublé par des voies de fait sans être dépossédé et qui n'a pas encore possédé pendant l'année, n'a pas l'action possessoire. La violence, il faut en convenir, n'est pourtant pas plus légitime dans le cas de complainte que dans le cas de réintégrande.

Enfin nous ferons observer que ce n'est pas dans un Code de procédure civile qu'il y a lieu d'édicter des peines contre la violence. C'est au Code pénal à réprimer les voies de fait et à protéger la paix publique, à punir ceux qu'il l'ont troublée. N'est-ce pas s'égarer dès lors que de chercher des remèdes à la violence dans une action possessoire spéciale? Les règles particulières à certaines matières ne doivent pas être transportées ainsi d'un cas à l'autre. Il nous semble que dans un code bien fait il n'y a pas plus lieu d'appliquer les règles des actions possessoires en matière de violence qu'il n'y aurait lieu d'appliquer en matière de meurtre les règles de la saisie immobilière; ce sont des choses qui n'ont aucun rapport et dont l'accouplement ne saurait être qu'un non-sens.

En résumé la réintégrande considérée comme action distincte des actions possessoires ne se justifie ni par l'histoire, ni par notre législation actuelle, et les raisons d'utilité qu'on invoque ne sauraient prévaloir contre des textes formels. Pour nous, la réintégrande ne sera donc pas autre chose que le nom particulier que prend la complainte en cas de spoliation, en cas de dépossession par voies de fait, comme le dit l'art. 2060 du Code Nap. —Par suite elle sera soumise aux mêmes règles que la complainte, aux mêmes conditions d'exercice ; elle s'intentera à raison des mêmes objets ; elle sera exercée par les mêmes personnes ; elle suivra les mêmes règles de procédure.

SECTION III.

De la dénonciation de nouvel-œuvre.

Plusieurs jurisconsultes et, un moment, la Cour de cassation ont soutenu en droit français l'existence d'une action possessoire qu'ils ont appelée dénonciation de nouvel œuvre et qui différerait de la complainte par les points suivants :

Ils posent en principe que la dénonciation de nouvel œuvre s'applique au cas où un tiers, par des travaux exécutés sur son propre fonds, nuit à un droit de servitude appartenant à autrui, tandis que c'est par la complainte qu'on agit pour tous les autres troubles. Ainsi qu'un voisin anticipe sur mon terrain par une construction, je dois me pourvoir par la complainte ; — Que ce voisin, au contraire, construise sur son terrain à lui de façon à nuire à un droit de passage ou de vue que j'ai sur son fonds, c'est par la dénonciation de nouvel œuvre que je dois maintenant agir.

De ce principe découle une conséquence qui constitue une seconde différence avec la complainte. Le juge de paix ne peut pas ordonner la destruction des travaux opérés avant la demande, mais seulement leur suspension, en réservant au juge du pétitoire le droit de les faire détruire, s'il constate qu'ils ont été pratiqués au mépris d'un droit de servitude. On comprend, en effet, que celui qui bâtit ou fait des travaux quelconques sur son propre terrain ait paru mériter quelque faveur

Enfin, par une conséquence de cette seconde proposition, les mêmes auteurs enseignent que la dénonciation de nouvel œuvre n'est possible que tant que les travaux sont en cours d'exécution. Le juge de paix n'ayant d'autre pouvoir que celui d'ordonner la discontinuation des travaux, il est clair que lorsque les travaux sont terminés, il n'a plus rien à ordonner.— Et c'est ce dernier point surtout qu'on veut établir, car seul il différencie véritablement la dénonciation de nouvel œuvre de la complainte. Admettez que le juge de paix, outre la discontinuation des travaux, puisse en ordonner la suppression, et l'action qu'on veut ressusciter se confond avec la complainte.

On a voulu étayer ce système sur le droit romain et sur notre ancienne jurisprudence française. — Le simple exposé des principes du droit romain suffira pour démontrer combien cette origine est fausse, et quelques mots sur l'histoire de la dénonciation de nouvel œuvre dans notre ancien droit pour établir que si cette action fut un moment admise dans notre ancienne jurisprudence, par suite de la fausse intelligence de quelques lois romaines, bien longtemps avant nos codes elle avait disparu de la pratique française.

A Rome la *novi operis nuntiatio* n'était pas elle-même un interdit (Ulp., l. 1., pr. de op. nov. nunt.), c'était une simple défense de passer outre faite par la partie elle-même avec ou sans l'intervention du magistrat, à celui qui attentait à son droit par constructions, fouilles, démolitions, travaux quelconques attenant au sol (*opus solo conjunctum*, l. 1, § 12).

Elle produisait son effet sans qu'on eût à rechercher si le réclamant avait ou non le droit d'interdire les travaux, *sive jure sive injuria opus fieret* (Ulp., l. 1., pr. — L. 20, § 3). — Elle avait lieu soit que le travail fût fait sur le terrain du dénonçant, soit qu'il fût fait sur celui du novateur (Ulp., l. 5, § 9 et 10).

La dénonciation n'avait d'autre but que de prévenir le préjudice qui pouvait résulter pour le plaignant de la continuation des travaux, que de constituer en faute l'auteur de l'innovation qui continuait à changer l'état des lieux (Ulp., l. 1, § 16). — Elle ne pouvait donc être signifiée utilement qu'avant l'achèvement du nouvel œuvre (l. 1, § 1). Elle n'avait donc d'effet que pour l'avenir ; le dénonçant devait faire constater d'une manière exacte l'état des travaux au moment de la sommation afin qu'on sût, le cas échéant, ce qui devait être détruit (l. 8, § 5).

Si le novateur continuait ses travaux sans autorisation, la destruction en était ordonnée par ce seul motif qu'ils avaient été exécutés au mépris de la dénonciation, et un interdit restitutoire *de operis novi nuntiatione* était, dans ce but, donné au dénonçant (l. 28 pr., et § 1). — Mais le novateur avait le droit sur la dénonciotion qui lui était faite de se pourvoir par l'interdit *de remissionibus* pour faire lever la défense par le magistrat. Pour obtenir gain de cause, le novateur doit prouver qu'il a possédé la liberté de son fonds, et, cette preuve faite, le dénonçant doit prouver l'existence du droit à son profit (l. 6, § 1 *si servit. vind.*). — Le novateur pouvait donner caution, et alors, sans égard à la dénonciation, continuer ses travaux, *impune œdificare* (l. 20, § 9 *de op. nov. nunt.*).

Que si les travaux étaient terminés, celui qui n'avait pas fait la dénonciation de nouvel œuvre avait encore, pour obtenir leur destruction, la ressource de l'interdit *quod vi aut clam* qui n'obligeait à aucune preuve touchant le fond du droit (Ulp. l. 1, § 1 *de op. nov. nunt.*), mais dans lequel il fallait, à la différence de ce qui avait lieu dans l'interdit *de operis novi nuntiatione*, établir que les travaux dont on se plaignait avaient été exécutés violemment ou clandestinement.

L'omission de la dénonciation de nouvel œuvre ne réduisait donc pas, comme on l'a soutenu, celui dont on avait méconnu les droits, aux seules voies pétitoires pour obtenir la réparation du préjudice causé. Et, en effet, comment aurait-elle eu ce résultat? La dénonciation de nouvel œuvre ne changeait point le fait réel de la possession, et laissait intact en ce point le droit des parties. La preuve en est dans tous les textes ; sans cela comment expliquer, par exemple, la loi 1,

§ 1, *de nov. opar. nunt.*? Les travaux sont achevés et on a encore la voie de l'interdit; oserait-on dire qu'en faisant sa dénonciation de nouvel œuvre avant que les travaux fussent achevés, le dénonçant rendait sa condition pire que s'il eût attendu l'achèvement de ces mêmes travaux pour prendre la voie ordinaire de l'interdit?

La violation de la *nuntiatio novi operis* avant la mainlevée obtenue, constituait une violence dans le sens de l'interdit *quod vi aut clam* (Ulp., 1. 1, § 5, 6, *de op. nov. nunt.* — Paul, 1. 20, § 1, *quod vi aut clam*). Le demandeur en dénonciation de nouvel œuvre, dont on avait violé la défense, avait donc deux interdits à son service, l'interdit restitutoire *de operis novi nuntiatione* et l'interdit *quod vi aut clam.* — Que s'il s'agissait d'ouvrages accomplis avant la dénonciation, il n'avait plus que la dernière de ces ressources (Ulp., 1. 7, § 2, *quod vi aut clam*). Mais, nous le répétons, l'omission de la dénonciation de nouvel œuvre, mesure de précaution entièrement facultative, n'entraînait aucune fin de non-recevoir contre l'emploi des voies possessoires. — Telles étaient les dispositions principales du droit romain sur la dénonciation de nouvel œuvre.

La Cour de cassation était donc dans une erreur profonde quand, consacrant, dans un arrêt du 15 mars 1826, les principes d'Henryon de Pansey sur la dénonciation de nouvel œuvre, tels que nous les avons exposés au début de cette section, elle soutenait qu'ils étaient écrits dans le droit romain. Le droit romain, sur lequel on prétendait appuyer ce système, n'en avait pas dit un mot.

Il est vrai que dans nos plus anciens auteurs nous trouvons une action dite de nouvel œuvre. Voici ce qui en est dit dans la Somme rurale de Boutheillier qui vivait à la fin du xive siècle : « Si sachez que « dénonciation de nouvel œuvre a lieu sitôt que quel- « qu'un fait ou fait faire nouvel œuvre au préjudice « d'autres. Celui qui sent que c'est en son préjudice « le peut défendre et dénoncer... Si, depuis, il y était « œuvré, ce serait attenté et tomberait en peine et « amende d'attentat, et, de fait, convient que l'ou- « vrage soit cessé du tout jusqu'à ce que celui qui « l'ouvrage fait faire, fait convenir et dénoncer par « devant le juge à savoir pourquoi il a fait cette dé- « nonciation ; et sera le faiseur de l'ouvrage deman- « deur ce cas, et le dénonçant possessionaire ou « possesseur de sa dénonciation, qui est grande di- « gnité en procès. Alors le dénonçant, comme dé- « fendeur et possesseur, soutiendra la dénonciation « et les causes qu'il a de ce faire. » — La dénoncia- tion de nouvel œuvre suffit, comme à Rome, pour faire suspendre les travaux commencés. Mais cet usage vraiment vicieux ne tarde pas à faire place à un ordre de choses plus régulier. Il faut l'interven- tion du juge. — « Dénonciation se faisait, nous dit « Charondas, ça ou par parole du nonciateur, ou « par ject de pierre, ou par mise de fait en autorité

« du préteur. On ne pratique en France que la der-
« nière manière par autorité du juge et les parties
« étant ouïes par devant luy il ordonne si la dénon-
« ciation tiendra ou si celui qui a commencé de bâ-
« tir continuera en baillant caution. »

La dénonciation de nouvel œuvre de notre ancien droit se distinguait donc en un point important de la dénonciation de nouvel œuvre des Romains. A Rome c'était l'auteur du nouvel œuvre qui jouait le rôle de défendeur, tandis que Boutheillier attribue ce rôle au dénonçant. Dans le droit français comme dans le droit romain, la dénonciation de nouvel œuvre avait l'effet de faire suspendre les travaux, mais cela n'avait lieu en droit français, comme le remarque Charondas, que par l'autorité du juge. Les parties comparaissaient contradictoirement, étaient *ouïes* par lui; le juge prononçait. C'était une sorte de jugement possessoire et c'est pour cela qu'avec raison on décidait que lorsque la dénonciation de nouvel œuvre était maintenue par le juge, l'auteur du nouvel œuvre ne pouvait plus agir que par une demande au pétitoire. — En droit romain l'intervention du préteur n'avait jamais un pareil effet. Si on recourait à lui dans certains cas (on conseillait de le faire lorsque le novateur exécutait ses travaux sur son terrain), ce n'était jamais qu'une pure précaution de forme qui ne pouvait changer ni le caractère ni la nature de la dénonciation qui restait toujours un acte purement privé.

Il était enfin généralement reconnu que la dénonciation de nouvel œuvre n'avait lieu que pour ouvrages faits sur le propre terrain de l'auteur de ces ouvrages. S'il s'agissait de travaux faits sur le terrain du voisin, il y avait lieu à la complainte (*Dict. de droit* de Deferrières, v° *Dénonc. de nouv. œuv.*).

Sans antécédents dans le droit romain, la dénonciation de nouvel œuvre n'avait pas de raisons d'être bien sérieuses. Le succès du demandeur ne lui assurait qu'une justice incomplète, l'existence des travaux inachevés continuant d'être un trouble perpétuel à son droit. Cette action tendit donc bientôt à disparaître de notre ancien droit. Nous la voyons de bonne heure se confondre avec la complainte. On appelle dénonciations de nouvel œuvre toutes les actions en trouble fondées sur des constructions, démolitions, excavations, portant atteinte à la possession du demandeur. « Autre et troisième force, dit « Papon, se nomme inquiétative et clandestine, sans « apertement être découverte, comme de bâtir sur la « possession d'autrui et faire nouvel œuvre... Mais « l'usage d'aujourd'hui n'a fait différence d'i-celui « et de la complainte, prinse pour ladite première « force. Vray est que l'on y a voulu pratiquer une « action nommée dénonciation de nouvel œuvre, « qui n'est pas diverse du cas de nouvelleté nommé « complainte. » (2ᵉ Notaire. Liv. 8, T. *unde vi*, p. 588.)

Ainsi, dès le temps de Papon, cette dénonciation de nouvel œuvre ne différait plus de la complainte que de nom, et si ce nom se perpétue c'est sans doute grâce au goût du moyen-âge pour les subdivisions et dénominations particulières. — On ne trouve, ni dans les coutumes ni dans les ordonnances une seule disposition qui soit relative à la dénonciation de nouvel œuvre. — L'ordonnance de 1167 n'en fait pas mention, et les auteurs les plus répandus Jousse, Domat, Pothier n'en disent pas un mot. — Comment admettre dès-lors l'existence de la dénonciation de nouvel œuvre comme action distincte de la complainte, lorsque notre Code de procédure a gardé sur elle le silence le plus complet, lorsqu'il ne connaît que des actions possessoires soumises toutes aux mêmes règles, aux mêmes conditions ?

La loi du 25 mai 1838 sur la compétence des juges de paix porte dans son art. 6 que les juges de paix connaissent « des dénonciations de nouvel œuvre, « complaintes, actions en réintégrande et autres ac- « tions possessoires fondées sur des faits commis « dans l'année. » — On nomme la dénonciation de nouvel œuvre. La nomme-t-on pour dire qu'elle existe comme action distincte de la complainte à côté de laquelle elle est placée, ou pour dire qu'elle n'existe pas comme action spéciale, qu'elle se confond avec les autres actions possessoires ? — Suivant nous, les dernières paroles de l'art. montrent clairement l'intention du législateur. Il veut assimiler la dénonciation de nouvel œuvre à la complainte. S'il les distingue par des noms différents, ce n'est plus là qu'une réminiscence de leur origine. Ce qui forme le caractère distinctif de la dénonciation de nouvel œuvre dans la doctrine de M. Henrion de Pansey, c'est qu'elle ne peut s'intenter après l'achèvement des travaux. Peu importe dans ce système l'époque du trouble ; il n'y a lieu à la dénonciation de nouvel œuvre que si les travaux sont en cours d'exécution. Or, ce système n'est-il pas rejeté expressément par le législateur lorsqu'il enseigne dans la fin de l'art. que *la dénonciation de nouvel œuvre doit être fondée sur des faits commis dans l'année* ? N'est-ce pas dire que, même après l'achèvement des travaux, l'action sera recevable ?

S'il pouvait rester un doute sur ce point, il serait dissipé par ce qu'on lit dans la discussion de la loi à la chambre des Pairs. « On trouve, dit M. Dubouchage, « que ces derniers mots : *fondés sur des faits com- « mis dans l'année*, pourraient être entendus comme « ne se rapportant qu'aux actions possessoires en gé- « néral, tandis que, dans le fait, le législateur veut « qu'ils se rapportent aussi aux actions de nouvel « œuvre. Cela est essentiel pour fixer la jurispru- « dence. Ainsi mon observation tend à faire déclarer « par la commission et par le ministère que ces « mots... se rapportent positivement aux dénoncia- « tions de nouvel œuvre, comme à toutes autres ac- « tions possessoires. » *Monit.*, chamb. des Pairs, séance du 25 juin 1837.

Du reste la jurisprudence n'avait pas attendu la

loi de 1838 pour abandonner la doctrine d'Henrion de Pansey, et la Cour de cassation revenant sur son premier système avait déjà décidé par plusieurs arrêts (22 mai 1833 ; — 27 mai et 17 juin 1834 ; — 25 juillet 1836) que l'action possessoire est encore ouverte après l'achèvement des travaux, pourvu qu'on soit encore dans l'année du jour où ces travaux ont été commencés.

Indépendamment des raisons de droit qui ont inspiré ces arrêts, on peut invoquer à l'appui de la doctrine qu'ils enseignent de puissantes considéra-, tions d'ordre public. Le système de M. Henrion de Pansey ne tend à rien moins qu'à encourager la prompte exécution des actes d'usurpation. Il assure à l'auteur du nouvel œuvre qui aura fini ses travaux avant que son voisin ne réclame, je ne dirai pas la protection de la loi, mais l'avantage de ne pouvoir être poursuivi au possessoire.

CHAPITRE III.

Quelles sont les conditions nécessaires pour exercer les Actions possessoires.

L'art. 23 du Code de procédure répond à cette question au moins en grande partie; ces conditions sont d'abord une condition de fait. Il faut avoir souffert une spolation pour agir par la réintégrande, un

trouble pour agir par la complainte. — En second
lieu une condition de droit : il faut posséder maintenant ou avoir possédé la chose en raison de laquelle
on agit; posséder maintenant, si l'on agit en complainte; avoir possédé, si l'on agit en réintégrande.

Mais qu'est-ce que posséder? Qu'est-ce la possession?
L'art. 2228 du Code Nap. nous dit : « La possession
« est la détention ou la jouissance d'une chose ou d'un
« droit que nous tenons, ou que nous exerçons par
« nous-mêmes, ou par un autre qui la tient ou qui
« l'exerce en notre nom. »

Cette définition est à peu près la reproduction de
celle de Pothier (*Traité de la possession*, n° 1.), mais
elle diffère essentiellement de celle de Domat : « On
« appelle proprement possession, dit Domat, la déten-
« tion d'une chose que celui qui en est le maître ou
« qui a sujet de croire qu'il l'est, tient en sa puissance,
« ou en celle d'un autre par qui il possède. » On voit
que, d'après le Code et Pothier, il suffit pour posséder de détenir la chose, tandis que, d'après Domat,
celui-là seul possède qui détient à titre de maître;
ainsi, d'après le Code et Pothier, le fermier, le locataire, détenteurs d'une chose dont ils reconnaissent
ne pas être propriétaires, possèdent cette chose; —
d'après Domat, ils ne possèdent pas, car ils ne sont
pas les maîtres de la chose, et n'ont pas sujet de se
croire tels.

Cette différence entre les deux définitions vient de
ce qu'elles ne s'appliquent pas au même objet. Po-

thier et le Code définissent la possession dans son acception la plus large; ils embrassent tous les cas aussi bien la simple détention physique que la possession civile, c'est-à-dire, la possession accompagnée des diverses conditions qui lui ont fait attacher d'importants effets juridiques. — Domat, au contraire, n'entend définir que cette possession civile ou à titre de propriétaire. «La simple détention d'une chose, dit-« il, ne s'appelle pas proprement possession et ce n'est « pas assez pour posséder qu'on tienne une chose, et « qu'on l'ait en sa puissance, mais il faut l'avoir avec « le droit d'en jouir ou d'en disposer comme en étant « le maître, ou ayant un juste sujet de croire qu'on « l'est. » (L. Civ. liv. 3. t. 7. Sect. 1.)

La possession définie par l'art. 2228, est une condition nécessaire, mais non pas suffisante de la complainte et de la réintégrande. Pour que cette détention de la chose ou cette jouissance d'un droit puisse autoriser l'action possessoire, il faut qu'elle soit accompagnée de l'*animus domini*, — des caractères indiqués par l'art. 23, Code de procédure, et aussi par l'art. 2229 Code Nap. ; en un mot qu'elle devienne la possession définie par Domat. Elle doit donc être non seulement annale, paisible et à titre de propriétaire ou non précaire, mais encore continue, non interrompue, publique, et non équivoque, comme la possession requise pour prescrire. Nous exigeons les mêmes conditions, car il y a identité de motifs : la possession annale qui sert de fondement aux actions possessoires opère comme la prescription une présomption de propriété ; celle-ci est irréfragable, il est vrai, celle-là admet la preuve contraire, mais cette différence tient seulement au temps plus ou moins long pendant lequel la chose est restée aux mains du possesseur. Au fond des choses, cette présomption est identique ; elle naît de la possession ; la possession qui la produit dans un cas, est la seule possession qui puisse la produire dans l'autre ; l'effet est le même, donc la cause est une et nous sommes en droit de dire que la possession exigée pour l'exercice des actions possessoires est la même que la possession à fin de prescrire. Tous les auteurs sont d'accord sur ce point et complètent l'art. 23 du Code de procédure par les art. 2229, 2232, 2333 du Code Nap.

En analysant ces articles on y trouve les huit prositions suivantes :

1° La possession doit être annale.

2° La possession doit être paisible.

3° La possession doit être non précaire.

4° La possession doit être continue.

5° La possession doit être non interrompue.

6° La possession doit être publique.

7° La possession doit être non équivoque.

8° La possession ne doit pas être fondée sur des actes de pure faculté ou de simple tolérance.

S. I. — *De l'annalité de la possession.*

Il y a deux sortes d'annalités, en matière possessoire, l'annalité de la possession et l'annalité de l'exercice de l'action. — Nous ne nous occupons ici que de
l'annalité de la possession considérée comme condition de l'exercice de nos actions possessoires.

Les motifs de l'annalité de la possession se com-
prennent aisément ; si la loi attribue à la détention
des droits précieux et importants, c'est parce que
cette détention entraîne à ses yeux une présomption
de propriété ; or, cette présomption ne peut s'établir
que si la détention a été assez longue pour que les
intéressés et le véritable propriétaire, s'il en existe
un, aient été à portée de la connaître et de la contredire ; de là, la nécessité d'une détention annale.

Cette annalité de la possession, condition première
de l'exercice de nos actions possessoires, est une
institution essentiellement moderne, un trait caracté-
ristique de notre droit français, qui sépare profon-
dément notre système possessoire de celui des Romains.

Mais comment, par quelle tradition, par quelle
suite de viscissitudes, ce principe nouveau s'est-il
développé dans notre droit ? Peu de questions dans
l'histoire du droit ont soulevé autant de controverses.

De l'origine de la possession annale tirée de la loi salique.

Pierre Pithou est le premier qui, dans son glossaire de la loi salique, ait voulu voir la possession annale écrite dans le § 4 du T. 47 *de migrantibus* de la *lex emendata* ainsi conçue : « *Si quis migraverit in villam alienam, et ei aliquid infra XII menses secundum legem contestatum non fuerit ubi admigraverit, securus ibidem consistat, sicut et alii vicini.* »

L'erreur de Pithou, et de tous ceux qui ont suivi sa version, comme Laurière, Duplessis et Henrion de Pansey, provient de ce qu'ils ont mal compris le mot *villa*. Dans la loi salique, le mot *villa* ne désigne pas seulement, comme ils l'ont cru, une propriété particulière, mais une marche commune, un arrondissement de terres vaines et vagues, de pâturages, de forêts, dont la jouissance en nature était abandonnée à un certain nombre d'habitants (1).

Tout ce que veut dire le texte cité, c'est que si un Franc venait s'établir dans une *villa*, soit qu'il lui plût de changer de résidence, soit que, resté précé-

____

(1) Du Cange, au mot villa. — C'était un souvenir de l'ancienne propriété collective des Germains, propriété dont les traces se retrouvent encore aujourd'hi dans notre organisation rurale. — La communauté des bois, des montagnes, des pâturages est écrite dans la loi des Burgondes, et l'art. 28 du t. 27 *de furtis* de la loi salique la présuppose.

demmnent dans ses foyers, il voulût enfin se fixer dans
les Gaules (Loi Gombette, 2ᵉ supp., art. 12), il n'avait
le droit d'y demeurer au même titre, et d'y jouir des
mêmes droits que les autres habitants, qu'après un
séjour de douze mois, sans réclamation de la part
d'aucun des membres de la *villa*. — Le délai d'un
an a suffi aux membres de la *villa* pour éprouver et
juger le nouveau venu. L'absence de réclamation de
leur part montre qu'ils ont consenti à l'admettre à la
participation de leur propriété collective.

La preuve qu'il ne s'agit point, dans le texte cité,
de l'homme qui serait venu s'emparer de la propriété
d'un autre, c'est que le cas est prévu dans d'autres
textes, dans le T. XVI, § 1, § 2, *de eo qui villam
alienam adsalierit,* de la *lex emendata* (1) ; c'est
que si la disposition était faite pour protéger la propriété privée, le propriétaire ayant consenti à l'ad-
mission de l'étranger, tout serait fini ; or, une peine
est prononcée contre l'habitant qui a accueilli l'étranger avant que le consentement de tous l'ait admis, et
cette peine est très-sévère, car elle s'élève à une
amende de 1800 deniers ou 45 sous d'or : « *Si vero
« quis alium in villam migrare rogaverit antequam
« conventum fuerit, IDCCC denariis qui faciunt soli-*

(1) Ce titre est le 18ᵉ dans le manuscrit d'Hérold. — Dans les
autres textes il n'y a point de titre sous cette rubrique, mais les
mêmes dispositions se retrouvent dans les § de différents titres.
§ 6, t. 44 et § 8, t. 42. L. I; II. — 5 du t. 14 et 6 du t. 52 de
la l. III.

« *dos XLV culpabilis judicetur* » (§ 3, T. 47 de la
lex emend. — Walter, *corp. jur. Germ.*, T. 2, p. 339.
— Pardessus, loi salique, p. 309.)

Origine de la possession annale tirée des usages celtiques.

Dans son histoire du droit français, l'un des plus
beaux monuments élevés de nos jours à la science du
droit, M. Laferrière cherche à prouver que la possession annale a une origine celtique. Il pose hardiment
cette thèse qu'effacée à demi par l'invasion des idées
romaines, la possession annale reparut aussitôt après
l'invasion des barbares, comme un effet des vieilles
traditions se ravivant à la chute de l'empire. (*Hist.
du dr. fr.*, t. 2, p. 52, 123, etc.)

Il fonde son opinion sur un texte tiré des coutumes
galloises du Code que Howel-le-Bon fit rédiger au
xe siècle pour le pays de Galles.

Les Gallois tiennent à l'ancienne famille des Kym-
ris, d'origine celtique. Ils n'ont fait que conserver
les vieilles coutumes des Celtes, leur pères, coutumes
qui sont restées pures de tout mélange étranger
malgré le voisinage des Saxons, parce qu'une haine
profonde entre les deux races rendait impossible tout
emprunt aux usages germaniques. A l'appui de son
système, M. Laferrière cite un passage des *interpré-
tations* du bréviaire d'Alaric : « *Si quis possidens*
« *intra anni spatium quod amisisse videtur præsen-*

« *tibus litigantibus judice ordinante recipiat*, » et
une très ancienne coutume de Bretagne, rédigée au
xiv° siècle, qui consacre la possession d'an et jour.
Or, on sait que l'Armorique servit d'asile en même
temps que le pays de Galles aux Bretons Kymres, re-
culant devant l'invasion des Anglo-saxons, en 449.

Voici le texte des lois galloises qui sert de fondement à l'opinion de M. Laferrière. Nous prenons sa
traduction : « Si quelqu'un a laissé un autre jouir
« d'un fonds pendant l'an et jour et que, présent
« sur les lieux, il n'ait pas interrompu la possession
« par trouble et voies de fait, le possesseur n'est
« point tenu par la suite de répondre (au posses-
« soire) touchant cette terre. Le litige non engagé
« dans l'année est mort. » (*Leges Wallicæ*, II, 176.)
— D'après M. Laferrière la loi de Howel statue là à
raison d'une possession juridique d'an et jour.

Mais d'abord cette conséquence ne résulte que de
l'intercalation que M. Laferrière a faite de ces mots
au possessoire. Il nous semble que la loi prise telle
qu'elle est, ne peut et ne doit s'entendre que d'une
prescription annale donnant la propriété pleine et
entière à celui qui avait possédé un héritage pendant
l'an et jour. Le Code d'Howel ne fait qu'énoncer le
principe germain de l'annalité de la prescription,
principe qui s'établit à peu près généralement en
Europe à l'époque de ce Code. — L'hostilité entre
deux peuples n'exclut ni l'imitation ni l'influence des
exemples. — Le principe d'une possession juridique

posé comme distinct de l'idée de propriété constitue un progrès qui n'était pas dans les mœurs des
Gallois au x⁰ siècle. — Puis, en supposant que la loi
d'Howel ait trait à la possession annale, M. Laferrière est-il bien autorisé à en faire remonter le principe à l'époque celtique ? — Les commentaires de
César ne contiennent absolument rien sur la possession.

Enfin, quel que fût le droit celtique, comment admettre qu'il eût résisté à la domination romaine, à la
politique dissolvante du régime provincial, se résu-
mant si bien dans cette maxime de l'édit perpétuel,
que *toutes les cités doivent suivre la coutume de
Rome, qui est la tête de l'univers.* Le pays de Galles
fut peut-être plus qu'aucun autre foulé par la domination romaine ; les nombreux monuments qu'y dé-
couvre de nos jours la science archéologique en sont
une preuve péremptoire.

Le passage du Bréviaire d'Alaric où il est fait mention d'annalité, entend parler non pas de possession
d'an et jour, mais de possession continuée pendant
la plus grande partie de l'année. La collection wisi-
gothe puisée dans le Code Théodosien et les sentences
de Paul, reproduit à cet égard une disposition du
droit classique qui ne donnait l'interdit, *utrubi,* qu'à
celui qui avait possédé la plus grande partie de l'année. — Si le texte dont il est question paraît s'appliquer à tous les interdits sans distinction, l'erreur des
compilateurs est facile à expliquer par une confusion

de leur part ; mais le sens des mots *intra anni spatium* n'en sera pas changé, et il faut le prendre tel
que nous le donne cet autre passage du même Bréviaire d'Alaric : « *Priori possessori qui majore parte*
« *anni possedit res a judice partibus presentibus me-*
« *rito reformatur.* » — D'ailleurs, pourquoi rapporter à l'annalité de la possession ces mots *intra anni
spatium?* Ils peuvent fort bien avoir trait à l'annalité
de l'action. — En tous cas, quand le texte cité aurait
le sens qu'on veut lui donner, peut-on fonder sur une
phrase isolée d'une mauvaise compilation de lois
barbares, l'existence d'une possession annale qu'on
ne retrouve nulle part ailleurs?

Quant à la coutume de Bretagne, elle a beau être
celle d'un pays où l'élément celtique apparaît plus
qu'ailleurs, il n'en est pas moins vrai que cette coutume, quoiqu'ancienne, n'a été rédigée qu'au xiv*
siècle, c'est-à-dire à une époque où la possession
annale commençait à se généraliser, puisque nous la
trouvons dans Beaumanoir et dans d'autres sources
antérieures, telles que les chartes communales de
Noyon (1181), de Saint-Quentin (1195), de Pontoise
(1188), de Chaumont (1182).

Rien donc ne justifie l'origine celtique attribuée
par M. Laferrière à la possession annale.

Origine germaine de l'annalité de la possession.

Suivant nous, l'annalité de la possession pour agir au

possessoire a une origine germanique. Nous croyons que la prescription de l'époque franque fut primitivement une prescription annale, et que l'annalité, en disparaissant sous la double influence du droit romain et des progrès de la civilisation, comme prescription acquisitive de la propriété, devint la base d'une sorte de prescription inférieure, le fondement d'une présomption de propriété nécessaire pour l'exercice de ces actions possessoires que le droit romain et la juridiction ecclésiastique venaient d'introduire dans la pratique coutumière du xii° siècle.

Sans doute, le fil des idées a été plus d'une fois rompu. Dans le domaine du droit comme dans le domaine des faits, le moyen-âge ne présente guère que confusion et incohérence; mais, malgré les traits discordants, les modifications inintelligentes et capricieuses de la législation, il nous semble possible de suivre dans l'histoire la génération logique des idées.

Les Germains, comme nous l'apprend Tacite, changeaient de terre tous les ans. Pour eux, comme l'a dit Le Huérou, *la propriété n'était qu'un usufruit qui finissait à chaque moisson;* mais, après l'invasion des Gaules, au contact de la civilisation gallo-romaine, les relations des Barbares avec le sol se modifièrent peu à peu et les Francs durent pratiquer bientôt, d'une manière plus parfaite, la notion de la propriété individuelle.

Le terme de l'annalité jouait un grand rôle dans la

constitution de la propriété collective des *villæ* et dans tous les usages germaniques. D'après le titre 48 de la loi salique, celui qui était venu se fixer dans une *villa* et qui y demeurait plus de douze mois sans réclamation, avait, comme nous l'avons vu, le droit de jouir des terrains indivis qui en étaient la dépendance. Le droit de propriété acquis par la marque d'un arbre dans la forêt commune, semble perdu après une année, ou du moins après ce temps écoulé, l'enlèvement en est impuni (art. 28, t. 27). — Il ne doit pas s'écouler plus de douze mois entre le commencement et la fin des formalités de l'affatomie (t. 49 de la loi salique).

De sa sphère d'application primitive, l'annalité fut transportée dans une autre à laquelle elle était d'abord étrangère, dans celle de la propriété individuelle.

En se constituant parmi les Francs, la propriété s'y constitua avec toutes ses conditions d'être, et, par conséquent, avec la prescription, cette institution sans laquelle toute société manque des conditions de tranquillité et de sûreté nécessaires à son existence.

La prescription était d'autant plus utile chez les Germains, qu'on n'y reconnaissait pas l'usage des titres écrits, et que les contrats translatifs de propriété ne pouvaient se prouver que par témoins et par cojurateurs.

Cette prescription dut être une courte prescription,

comme toutes celles qu'on retrouve au berceau de toutes les sociétés, alors que les rapports des hommes sont renfermés dans une sphère étroite et que l'usurpation ne peut rester longtemps inconnue.

Ce fut, suivant nous, la possession annale que la pratique judiciaire du temps trouvait déjà appliquée dans la loi salique à la propriété commune. Nous en trouvons la preuve dans cette rubrique nouvelle du titre *de Migrantibus* dans la *Lex emendata* : « *De eo* « *qui villam alterius occupaverit vel si duodecim* « *mensibus, eam tenuerit,* » rubrique qui, assurément est plus conforme à l'hypothèse d'une propriété exclusive qu'au sens primitif de la loi. Nous en trouvons la preuve dans le troisième capitulaire de 819 qui, en rectifiant l'erreur d'interprétation à laquelle avait donné lieu la nouvelle rédaction de la loi salique, et, en défendant cette prescription acquisitive d'un an, établit précisément son existence dans la pratique judiciaire. — Dans un capitulaire de Louis le Débonnaire, nous lisons que le *forbanni* dont les biens étaient dévolus provisoirement au fisc, les perdait définitivement s'il ne se présentait devant le roi dans l'an et jour. Un autre capitulaire de 824 nous montre un premier acquéreur privé, après la possession annale d'un second acquéreur, du droit de se prévaloir de l'antériorité de son acquisition.

Maintenant qu'on nous cite d'autres capitulaires qui établissent de longues prescriptions, notamment un édit de Childebert Ier, de 559, une constitution

de 560, un placité de 620 qui édictent une prescription de trente-et-un ans ; ces documents prouveront
qu'il y a contradiction, incohérence dans les textes
de l'époque franque, et la contradiction s'expliquera
par la lutte de l'élément germain et de l'élément romain perpétuellement aux prises l'un avec l'autre ;
mais il n'est pas permis, pour sortir d'embarras et
arriver à un système uniforme de législation, de sup-
primer tout un côté des faits.

Une autre objection contre notre système consiste
à dire que, sous la féodalité, les idées de prescription durent nécessairement disparaître. Le seigneur
était maître absolu de tout ce qui existait dans sa
seigneurie, hommes et choses : une seule propriété,
une seule possession existait, celle du seigneur. Les
droits des tenanciers se résumaient dans une possession précaire et conditionnelle. De là, on conclut
qu'il n'y avait ni propriété, ni possession civile, ni
action possessoire, telles que nous les comprenons.

Sans considérer, avec Merlin, la prescription
comme absolument incompatible avec les principes
du vasselage, nous voulons bien qu'elle ait disparu
dans l'anarchie de la féodalité, mais toujours est-il
que la féodalité finit par être battue en brèche par
les rois, par les communes et surtout par les légistes.
Les monuments qui nous restent du mouvement
commmunal de la fin du xiie siècle constatent la
réapparition de la prescription. Dans ces chartes, qui
consacrent l'affranchissement de la terre et de

l'homme, des prescriptions sont stipulées. La prescription s'applique d'abord à ces possessions que les vilains ne tenaient qu'à titre précaire ; et l'élément germain ne reste pas étranger à sa reconstitution. L'annalité reparaît, elle se manifeste dans tous les monuments des xiie et xiiie siècles, et c'est évidemment l'ancienne annalité germaine, car, comme le dit M. de Parieu, à trois ou quatre cents ans de distance, il est plus logique de supposer un lien de continuité entre des usages analogues que d'admettre leur extinction complète, suivie d'une renaissance par des motifs nouveaux. Dans une législation coutumière, comme celle du moyen-âge, les principes s'effacent lentement. Au contact des idées nouvelles, ils se transforment, se dénaturent, mais ils ne disparaissent pas dans ces abrogations expresses, connues seulement des législations positives et écrites.

Sans doute, bientôt, sous l'influence des besoins nouveaux et du droit romain, les prescriptions s'allongèrent. La coutume d'Anjou exige un ténement de cinq ans ; la coutume de Mons, en Hainaut, veut une possession de six ans; la charte d'Amiens, de 1190, une possession de sept ans. Par l'ascendant croissant du droit romain, les longues prescriptions finissent par supplanter la prescription annale.

Mais, en même temps que s'opère ce travail, les principes romains, conservés par le droit canonique, amènent la séparation du possessoire et du pétitoire, la distinction entre le *plet* de la propriété et le *plet* de

la possession. L'usage s'introduisit, dans notre droit
coutumier, d'exiger du demandeur au possessoire
une possession d'une certaine durée, une telle possession pouvant seule fonder une présomption sérieuse de propriété : d'abord il n'y a pas de fixation
de temps ; les juges semblent investis d'un droit
d'appréciation souverain pour déterminer l'assiette
de la possession. Dans certaines coutumes, on se
contente de la possession du *dernier* ou de l'*avant
dernier aost*, de la possession acquise par la levée
d'une moisson. Dans d'autres coutumes, on demande
une longue possession ; mais la mesure se fixe bientôt : on adopte le délai d'an et jour.

Dans Beaumanoir la condition d'annalité est nettement posée (coutume de Beauvoisis, ch. 32, n°. 9) :
« Qui veut, dit Beaumanoir, se plaindre de force, de
« novelle dessaisine ou de novel torble, il s'en
« doit plaindre avant que li an et li jors soit passé
« puis la dessaisine, et si l'an et le jor passer, l'action
« qu'il avait de novelle dessaisine est anéantie et ne
« peut mais plaider fors sur la propriété. » — Ce
délai d'an et jour se trouve-t-il là dans le droit coutumier parce que c'est dans un an que se fait la révolution du soleil autour de la terre ou la perception
ordinaire des fruits immobiliers, ou bien n'est-ce pas
plutôt parce qu'on a pris pour fondement de la prescription provisoire de la possession, le délai d'an et
jour de l'ancienne prescription germaine, dont nous
avons suivi la trace jusqu'à l'époque à laquelle nous

sommes arrivés? — Nous aimons mieux croire à la suite des traditions qu'à un hasard perpétuel reproduisant des effets toujours les mêmes. D'autant plus que le délai d'an et jour, en perdant sa valeur sous le rapport de l'acquisition de la propriété privée, est conservé par le droit coutumier dans un grand nombre d'autres matières. Nous le trouvons nécessaire pour faire présumer l'ensaisinement par le seigneur. Nous le trouvons appliqué dans les chartes des villes à l'acquisition des libertés communales. Le droit de bourgeoisie est le prix d'une résidence d'an et jour. — Ainsi donc l'annalité de la possession pour agir au possessoire est l'annalité germaine détournée de son sens primitif par les usages féodaux et l'influence du droit romain.

Dans notre Code de procédure actuel (art. 23), on exige un an de possession; dans le droit coutumier, on exigeait un an et jour. On ajoute une fraction au nombre pour indiquer qu'il faut qu'il soit bien complet. C'est ainsi que les lois saliques dans la fixation des amendes nous disent tant de sous et un denier.

On s'est demandé si l'année de possession doit être antérieure au trouble ou à l'action : — La possession doit avoir duré un an avant le trouble, car l'année de possession doit être paisible.

Il n'est pas nécessaire d'avoir été soi-même en possession pendant une année. D'abord on peut posséder par autrui, par son représentant, son fermier, son locataire. C'est ce qui résulte de ces mots de

l'art. 23 du Code de procédure *par eux ou les leurs.*
Ensuite on peut compléter sa possession par celle de
son auteur, c'est-à-dire au moyen des accessions de
possession. Ainsi on complétera sa propre possession
par celle de la personne de qui on tient la chose à titre
de vente, de donation, de succession. « Pour complé-
« ter la prescription, dit l'art. 2235 du Code Nap., on
« peut joindre à sa possession celle de son auteur
« de quelque manière qu'on lui ait succédé, soit à
« titre universel ou particulier, soit à titre lucratif
« ou onéreux. » — Toutefois, il importe d'établir
une distinction entre les successeurs universels et les
successeurs particuliers. Les héritiers qui représentent la personne du défunt au point de vue passif
comme au point de vue actif, continuent la possession
avec les mêmes qualités et les mêmes vices qu'elle
avait lorsqu'elle a commencé (art. 2237 Code N.) :
« *Cum heres in jus omne defuncti succedit ignora-*
« *tione sua defuncti vitia non excludit* (L. 11 *De div.*
temp. prescrip.). » — Au contraire, le successeur à
titre particulier d'une chose a une possession propre
qui procède du titre auquel il a acquis cette chose.
Cette possession commence en sa personne, et, comme
elle n'est point une continuation de celle que son auteur a eue, elle ne peut en avoir ni les qualités ni les
vices. Sans doute, ce successeur peut joindre à sa possession celle qu'a eue son auteur, et, lorsqu'il joint à
sa possession cette possession de son auteur, il ne
peut la joindre qu'avec ses qualités et ses vices ; mais

comme c'est une faculté qu'il a, il ne joint à sa possession celle de son auteur que si elle est une juste possession (Pothier, nᵒˢ 33, 34, *de la poss.*).

Les successeurs universels ou à titre universel qui ne représentent pas le défunt, comme les enfants naturels et les autres successeurs irréguliers, les légataires universels ou à titre universel n'en sont pas moins tenus des obligations du défunt, et si sa possession était vicieuse, la leur le sera également. L'article 2239 portant que ceux à qui les détenteurs précaires ont transmis la chose peuvent commencer une possession utile, ne leur est point applicable. Successeurs d'universalité ou de fraction d'universalité, ils ne peuvent dire que telle chose déterminée leur a été transmise par un titre translatif de propriété.

§ 2. *La possession doit être paisible.*

La possession paisible, dans le sens large du mot, est celle qui ne s'appuie pas sur la violence, qui est paisible non seulement dans sa source, mais encore dans sa durée. La possession est, au contraire, entachée du vice de violence si le possesseur a occupé le fonds de vive force ou s'il s'y maintient au moyen de luttes incessantes qui font planer un doute perpétuel sur la légitimité de ses actes de possession. Ainsi, l'on peut dire que la violence en matière de possession a un double sens, actif et passif. Le premier sens du mot résulte de l'art. 2233 du Code N. portant que

« les actes de violence ne peuvent fonder une pos-
« session capable d'opérer la prescription. » En effet,
rien de légitime ne peut ni ne doit résulter de la violence. Ce premier sens est celui que le préteur romain avait en vue quand il insérait dans ses formules
qu'il fallait posséder *nec vi, nec clam, nec precario.*
Le second sens reproduit l'idée de l'art. 113 de la coutume de Paris, exigeant qu'on eût possédé *franchement
et sans inquiestation*, idée étrangère au droit romain ;
car nous lisons à la loi 1, § 28, *de vi et de vi armata :*
« *Qui per vim possessionem suam retinuerit Labeo*
« *ait non vi possidere.* »

Certains auteurs n'admettent que la première acception du mot *paisible* et soutiennent qu'on ne considère en matière possessoire que la violence originaire.
Si la possession vient à être troublée, attaquée dans
son cours par les entreprises de l'adversaire, la faute,
disent-ils, n'en est pas au possesseur. — Mais si le
mot *paisible* ne concernait que la violence active, l'art.
2228 du Code Nap. ferait double emploi avec l'art.
2233. D'ailleurs, contrairement au droit romain, la
possession fait en droit français présumer la propriété, et quelle présomption tirer d'une possession qui
est l'objet d'agressions et de voies de fait continuelles?
— Disons donc que la possession paisible dont parle
l'art. 23 du Code de procédure est non-seulement
une possession qui n'a pas été appréhendée par violence, mais encore une possession qui n'a pas été journellement troublée par des actes de violence dont le

renouvellement perpétuel est une sorte de protestation qui jette sur la possession ainsi attaquée un caractère équivoque qui la rend nécessairement impuissante.

Un simple acte de violence, dans le cours de l'année, repoussé par la violence, ne constituerait qu'un fait isolé, incapable d'altérer le caractère d'une possession bien commencée.

La gravité des actes constitutifs de la violence est une question de fait laissée à l'appréciation du juge de paix. Nous ne voyons pas de raisons pour lui de distinguer entre la violence physique et la violence qui résulte d'une contrainte morale, par exemple de menaces. Ces moyens d'intimidation ne sont pas moins coupables que des voies de fait proprement dites. L'art. 2233 du Code Nap., suivant lequel la possession utile ne commence que du jour où la violence a pris fin, ne nous paraît explicable que dans cet ordre d'idées. Dans l'état de nos mœurs, il n'est guère possible de supposer que la violence corporelle ait quelque durée. Il n'y a que la contrainte morale qui puisse tenir le propriétaire en échec pendant un certain temps et faire naître la question de savoir à quelle époque la possession vicieuse dans son origine est redevenue paisible.

Si la violence a porté sur le contrat translatif de propriété et non sur la prise de possession, le contrat est rescindable, mais la possession n'est pas violente.

Il importe peu que les voies de fait aient été dirigées contre le possesseur lui-même ou contre ses représentants comme son fermier ou ses ouvriers, par l'auteur même de la violence ou par son ordre.

La violence active, à la différence de la violence passive, est un vice purement relatif. Elle n'altère la possession qu'au cas où elle émane du possesseur lui-même. C'est l'ancienne idée romaine qui accordait un interdit à celui qui avait possédé *nec vi*, *me clam*, *nec precario ab adversario*. Le Code est muet ; mais pourquoi la possession violente ne compte-t-elle pas ? — Parce qu'elle a empêché d'agir, la preuve en est dans le second alinéa de l'art. 2233 ; or elle n'a empêché d'agir que celui-là qui en est la victime. — On ne peut prétendre, sans abus de langage, que ma possession n'est pas paisible par cela seul qu'un tiers, sans ma participation, a exercé quelque contrainte contre le propriétaire.

Si, en matière de contrats (Art. 1111 du Code N.), la violence constitue un vice absolu, c'est que le contrat, à la différence de la possession, exige un concours de volontés. L'une des deux volontés n'ayant pas été libre, la convention est atteinte dans son principe ; elle doit être rescindable, quel que soit l'auteur de la violence.

Remarquons que la possession ne demeure pas perpétuellement vicieuse par cela seul que dans son principe elle a reposé sur une violence. C'est ce qui résulte de l'art. 2233 *in fine*. « La possession utile « ne commence que lorsque la violence a cessé. » Si donc le possesseur que vous avez dépouillé a recouvré le pouvoir d'agir et de vous poursuivre, son silence engendre pour vous une possession utile. Il en était autrement en droit romain; la possession violente *ab initio* était à jamais violente.

Ce qui est irrrégulier ne se présumant pas, le demandeur au possessoire n'a pas à prouver que sa possession a été paisible.

§ 3. *La possession doit être non précaire.*

Les Romains appelaient possession précaire, celle qui résultait du contrat de *precarium*. Aujourd'hui le *precarium* n'est plus usité et la précarité n'a plus cette signification restreinte. On entend par possession précaire, celle qui n'est pas exercée à titre de propriétaire, *animo domini*. Les mots *à titre non précaire* de l'art. 23 du C. de proc. répondent exactement aux expressions de l'art. 2229 du C. N. *à titre de propriétaire*. La preuve en est dans l'article 2236 qui dit que ceux qui possèdent pour autrui ne peuvent pas prescrire, et qui cite pour exemples, « le fermier, le dépositaire, l'usufruitier et tous ceux qui détiennent précairement la chose du propriétaire.» Cet article nous enseigne en même temps quels sont les détenteurs précaires auxquels en cette qualité l'art. 23 du C. de proc. dénie l'action possessoire. Ceux-là détiennent à titre précaire, et par conséquent ne possèdent pas dans le sens légal et technique du mot, qui détiennent au nom, pour le compte et dans l'intérêt d'autrui ; tel est un usufruitier relativement au nu-propriétaire; tels sont les fermiers, les locataires ; nous ajouterions avec le Code les dépositaires, si le dépôt proprement dit pouvait s'appliquer aux immeubles. Loin de posséder pour eux-mêmes, ils sont les instruments de possession du nu-propriétaire, du bailleur qui possède par eux la chose soumise à l'usufruit ou donnée à bail. — Nous en dirons autant des commodataires, des tuteurs, des mandataires et même des maris par rapport aux biens de leur femme (Belime, n° 117).

Une distinction est pourtant nécessaire en ce qui concerne l'usufruitier. L'usufruitier, est, comme le dit l'art. 2236 du C. N., un détenteur précaire quant au fond lui-même, car c'est au nom du nu-propriétaire et pour le nu-propriétaire qu'il possède. Mais, l'usufruitier est aussi à quelques égards un copropriétaire de la chose grévée d'usufruit. L'usufruit, aux termes des art. 526 et 543 du C. N., [est un véritable démembrement de la propriété dont la jouissance, aux termes de l'art. 2228, constitue une véritable possession. C'est pour son compte, en son propre nom que l'usufruitier possède le droit d'usufruit ; il aura donc les actions possessoires en ce qui concerne cet usufruit, tant contre les tiers que contre le nu-propriétaire. S'il agit contre un tiers « sa possession, sui-
« vant l'expression de Proudhon (usuf. t. 3, n°⁵ 1260-
« 1266), sert en même temps à deux personnes ; elle
« lui sert à lui-même quant à l'usufruit, elle profite
« au nu-propriétaire quant à la propriété, sa réinté-
« gration dans la jouissance de son usufruit ne pou-
« vant s'opérer que par sa réintégration dans la chose

« même, sans la détention de laquelle son usufruit
« n'est pas possible. » Que s'il agit contre le nu-propriétaire, son action possessoire intentée par rapport
au droit d'usufruit se détache alors complétement de
l'action possessoire intentée par rapport à la nu-pro-
priété ; car son triomphe dans l'action possessoire,
établissant en sa faveur la présomption du droit d'u-
sufruit, établit par là même une présomption légale
de précarité que le nu-propriétaire sera toujours en
droit de lui opposer, si l'usufruitier veut invoquer
la prescription, prétendre plus tard à la propriété
(Boitard, cours de procéd., t. 2, n° 119).

Quant au créancier antichrésiste, nous croyons
qu'il a un véritable droit réel sur les immeubles
objet de son antichrèse (Code comm., art. 446).
Nous lui donnerons donc l'action possessoire. Il
possède son droit *animo domini* sans posséder le
fonds lui-même. C'est la même distinction à faire
que pour l'usufruitier.

Il ne suffit pas, pour être réputé détenteur précaire, d'être obligé de livrer une chose à quelqu'un,
il faut encore avoir été placé par le propriétaire ou
par la loi pour veiller à sa conservation et pour en
rendre compte ; c'est en cela que consiste véritablement le caractère de la détention précaire. Ainsi le
donateur, le vendeur, qui est laissé en possession
après la vente, après la donation, n'est pas un détenteur précaire. Il en est de même de celui qui a été
condamné par jugement à se désister de la possession d'un immeuble.

La précarité est, en droit français, un vice absolu de la possession ; elle est en effet plus qu'un vice, elle est la négation complète de la possession, puisqu'il n'y a possession que quand il y a *animus domini*, aux termes de l'art. 2236.

La précarité ne se suppose pas. « On est toujours « présumé posséder pour soi et à titre de propriétaire, « s'il n'est prouvé qu'on a commencé à posséder pour « un autre,» dit l'art. 2230 du Code Nap. C'est la reproduction de cette phrase de Dunod (Prescript., p. 22) : « Dans le doute, on est censé posséder pour soi « même, plutôt que pour autrui, quand cette présomption n'est pas combattue par de plus pressantes. »

Au contraire, si une fois l'adversaire prouve que vous avez commencé à posséder à titre précaire, c'est à vous à prouver que votre possession a changé de nature. Ici la présomption est tout autre : vous possédiez précairement dans l'origine, il est vraisemblable que vous avez continué à posséder au même titre. Si vous alléguez le contraire, faites votre preuve, car vous demandez à établir un fait qui est en opposition avec l'état régulier des choses. L'art. 2231 résume ces principes de bon sens (développés déjà par d'Argentré sur l'art. 265 de la Cout. de Bretagne, C. 5, nᵒˢ 16 et 17), en disant : « Quand « on a commencé à posséder pour autrui, on est toujours présumé posséder au même titre, s'il n'y a « preuve du contraire. » C'est ce qui a fait dire à nos anciens auteurs : *Melius est non habere titulum quam habere vitiosum.*

La précarité une fois existante ne cessera plus, et le possesseur précaire la transmettra à ses héritiers avec la possession. « Les héritiers de ceux qui détiennent « la chose à titre précaire, dit l'art. 2237, ne peuvent « pas prescrire. » Ajoutons par conséquent qu'ils ne peuvent pas non plus agir au possessoire. « S'il pa- « raît qu'une chose que je possède, dit Pothier « (Poss., n° 31, et suiv.), m'ait été donnée à titre d'en- « gagement, ayant commencé à la posséder à ce « titre, quelque déclaration que je fasse, quelque « temps qui s'écoule... moi, mes héritiers et les « héritiers de mes héritiers *in infinitum*, continue- « rons toujours de la posséder à ce titre d'engage- « ment. » On ne peut donc pas prescrire contre son titre, comme le dit l'art. 2240 C. N. : *Illud a ve- teribus preceptum neminem sibi ipsum causam pos- sessionis mutare posse* (Paul, L. 13, § 9 de poss.). « Le titre, dit Bourjon (Dr. com. t. 1, p. 1085), « vaut continuelle interruption contre la pres- « cription. »

Une seule chose peut rendre utile une possession affectée dans l'origine du vice de précarité, c'est ce qu'on appelle l'interversion de titre. Intervertir son titre, c'est changer la cause de sa possession de ma- nière à cesser de posséder pour autrui et à commen- cer à posséder pour soi-même. L'interversion a lieu suivant l'art. 2238 C. N., *soit par une cause ve-*

nant d'un tiers, soit par la contradiction opposée au droit du propriétaire;

1° Par une cause venant d'un tiers, c'est-à-dire par un contrat translatif de propriété fait par le détenteur à titre précaire avec un tiers qui se présente à lui comme propriétaire. Ainsi c'est un fermier qui a reçu la chose d'un étranger à titre d'achat, de legs, de donation entre vifs; cette cause extrinsèque l'autorise à posséder pour lui et fait perdre la possession au bailleur. Mais faut-il que le détenteur précaire soit de bonne foi au moment de l'interversion, qu'il croie le tiers propriétaire? L'art. 2238 ne le dit pas. Pour le soutenir on invoque l'art. 2240 aux termes duquel on ne peut pas se changer à soi-même la cause de sa possession. Acheter de quelqu'un qu'on sait n'être pas propriétaire, c'est, dit-on, s'intervertir à soi-même son titre, c'est en définitive se changer la cause de sa possession *sola cogitatione.* — Ces raisons ne sont pas sans valeur. — Nous croyons pourtant qu'il vaut mieux s'en tenir au texte de l'art. 2238 du Code Nap. et ne pas exiger la bonne foi. L'interversion de titre ne sera pas pour cela clandestine comme on paraît le craindre dans le système que nous rejetons. La loi exige évidemment une cause sérieuse venant d'un tiers, et non un simulacre de vente, de donation, etc. — D'ailleurs qu'on ne l'oublie pas, l'interversion de titre n'est que le point initial d'une possession nouvelle qui doit réunir à son début tous les caractères de publicité requis par la loi. L'acheteur, le donataire ne commencera à avoir une possession utile que du jour où il aura, par des actes de maître caractérisés, levé l'équivoque dont jusque-là sa jouissance restait enveloppée.

De ce que l'intervention d'un juste titre suffit pour faire disparaître le vice de précarité, il résulte que les successeurs à titre particulier des détenteurs précaires peuvent agir au possessoire ; ils commencent une possession nouvelle qui doit être examinée en elle-même. L'art. 2230 est formel à cet égard.— Mais est-il nécessaire que le successeur à titre particulier ait été mis en possession? L'art. 2239, en exigeant *la transmission de la chose*, semblerait conduire à cette conséquence. Nous croyons pourtant que, lors même que le détenteur précaire serait resté en possession de la chose, le nouvel acquéreur aurait une possession utile si le fermier avait commencé à se comporter ostensiblement comme son fermier, et non plus comme celui du bailleur primitif

2° L'interversion de titre a aussi lieu *par la contradiction opposée au droit du propriétaire.* Il y a contradiction au droit du propriétaire lorsque le détenteur précaire, le fermier, le locataire signifie à son bailleur qu'il n'entend plus posséder pour lui ; lorsqu'il refuse en justice de payer les fermages, les loyers. — Il peut y avoir aussi contradiction par un simple fait comme si un locataire ferme la porte à son bailleur en lui contestant la propriété.

§ 4. *La possession doit être continue.*

La possesion est continue lorsqu'elle consiste dans des faits assez rapprochés les uns des autres pour imiter la possession du propriétaire ; elle est discontinue lorsque les actes qui la constituent sont isolés, séparés les uns des autres par des intervalles plus longs que ne le comporte l'ordre régulier des choses. La rare succession de ces actes enlève alors à la possession ce caractère solide, sérieux auquel la loi attache la présomption de propriété. Ceci posé, il est clair que la continuité de possession doit être entendue différemment suivant la nature de la chose. Un jardin demande des soins presque journaliers ; un pré n'exige l'intervention du propriétaire qu'à certaines époques de l'année. — Enfin une servitude même discontinue comme un droit de passage, de puisage, sera susceptible d'une possession continue. Toute la question revient à savoir si les actes d'exercice du possesseur ont été aussi rapprochés qu'ils doivent l'être suivant le cours ordinaire des choses. S'ils l'ont été, le propriétaire a été suffisamment averti. Son silence, sa négligence de ses droits méritent une peine.

Mais ici se place une objection : comment concilier ce principe que la possession doit être continue avec cet autre principe que la possession se conserve *solo animo.* Si ma possession n'existe qu'à condition que je la manifeste sans cesse par des signes extérieurs, il n'est pas vrai de dire que je la conserve par ma seule volonté de posséder. Il semble qu'il y a là contradiction.

Nous croyons qu'il faut répondre à cette objection par une distinction : quand la possession légale sera véritablement acquise, elle se conservera par la seule intention pourvu toutefois que la cessation de tout acte de maître ne soit pas assez prolongée pour faire présumer un abandon tacite de la possession. — Mais tant qu'une année ne se sera pas écoulée, tant que la possession légale ne sera pas acquise, nous appliquerons dans toute sa force cette règle qui veut que les actes de possession soient assez fréquents pour faire impression sur le propriétaire, et pour donner à penser que le possesseur ne fuit pas les occasions d'agir en maître. — La condition de continuité sera donc exigée avec sévérité dans les commencements de la possession, mais on aura plus d'indulgence pour le possesseur annal; c'est là une question de fait laissée à l'appréciation des juges (Troplong, Presc., n° 337).

§ 5. *La possession doit être non interrompue.*

La possession est interrompue lorsqu'elle vient à être arrêtée dans son cours par le fait d'un tiers, ou lorsque le possesseur l'abdique volontairement en perdant l'*animus possidendi*.

L'interruption est naturelle ou civile : l'interrup-

tion naturelle consiste dans une dépossession de fait
qui a duré au moins une année. Ainsi supposez que
j'avais déjà la possession annale au moment où j'ai
été expulsé, ma possession ne sera pas interrompue
par une dépossession quelconque ; une simple aggres-
sion de la part d'un usurpateur ne sera qu'un pur
trouble que je ferai réprimer par l'action en complainte. Ma possession annale ne pourra être interrompue que par une possession contraire qui aura
duré au moins une année ; c'est dans cette hypothèse
que raisonne l'art. 2243 du Code N. qui demande,
pour qu'il y ait interruption naturelle, que le possesseur ait été pendant plus d'un an privé de la jouissance de sa chose. — M. Bigot Préamenen en présen-
tant le titre de la prescription a donné le motif de
cette disposition. « On a considéré, a-t-il dit, que si
« l'occupation momentanée d'un fonds suffisait pour
« priver des effets de la possession, ce serait une
« cause de désordre ; que chaque possesseur serait à
« tout moment exposé à la nécessité d'avoir un pro-
« cès pour justifier son droit de propriété. »

Une fois l'interruption consommée, il faut faire
abstraction de la possession antérieure. Mais faut-il
faire abstraction du titre de cette possession ? Non,
dit Dunod (Prescript., p. 57), *interruptio nihil facit
contra titulum.* — Au contraire, si le possesseur
avait abandonné, puis repris la possession, il recom-
mencerait une possession nouvelle non seulement
quant au temps, mais encore quant à la cause.

L'interruption civile résulte, d'après les art. 2244 à 2248 C. N., d'une citation en justice, d'un commandement, ou d'une saisie signifiée au possesseur, ajoutons même d'une sommation dans l'hypothèse spéciale de l'art 2169. La simple citation en conciliation forme interruption civile, si elle est suivie d'une assignation en justice dans le délai d'un mois (2245 C. N., 57 C. proc.). L'assignation régulière donnée devant un juge incompétent suffit pour constituer l'interruption civile (2246 C. N.). Il n'en est pas ainsi de l'assignation nulle par défaut de forme (2247). Le législateur a pensé qu'il était plus facile de connaître les formes d'un acte que la compétence du juge. La reconnaissance que le possesseur fait du droit du propriétaire est encore une interruption civile qui lui enlève le bénéfice de sa possession passée (C. N. art. 2248).

Une possession peut être continue, bien qu'interrompue ; ainsi un possesseur a reconnu le droit du propriétaire tout en continuant à faire des actes de maître aux yeux du public.

L'interruption naturelle produit un effet absolu, ainsi le propriétaire pourra profiter d'un fait de dépossession émanant d'un tiers. L'interruption civile n'opère qu'à l'égard de celui qui a fait l'interruption ou la reconnaissance.

Terminons en remarquant que les modes d'interruption civile que nous venons d'indiquer, très-fréquents en matière de prescription, ne reçoivent qu'une application bien rare quand il s'agit de la simple possession annale.

§ VI. *La possession doit être publique.*

La possession publique est celle qui se produit au grand jour, de manière à donner aux parties intéressées la faculté de la contredire. C'est celle, disaient les coutumes d'Orléans et de Melun, qui est *au vu et au su de tous ceux qui l'ont voulu voir et savoir.* On sent pourtant qu'il faut principalement consulter la facilité qu'a eue l'adversaire de connaître les actes de possession, et qu'un voisin, sur la cour duquel j'aurais établi une fenêtre, ne serait pas fondé à prétendre que ma possession n'est pas publique, par la raison que, sa cour étant fermée, ma possession n'était pas à la connaissance de tout le monde. Tout ce que veut la loi, c'est que des actes caractérisés de maître viennent révéler aux parties intéressées les entreprises des possesseurs ; ce point établi, elles ne sont plus recevables à alléguer leur ignorance contre la présomption que la loi tire de leur silence.

Une possession clandestine peut devenir publique (2233 Code N.), et, à l'inverse, une possession peut être publique dans son principe et devenir ensuite clandestine. Dès l'instant où des manœuvres sont pratiquées pour dissimuler la possession, l'attention du propriéta cesse d'être éveillée ; on ne peut plus présu quiescement tacite résultant de son silence. — Pothier, d'après le droit romain (l. 40, § 2, *de adq. poss.*), ne considérait, pour établir la publicité ou la clandestinité, que le commencement de la possession (Poss. n° 27). D'autres auteurs, pour soutenir ce système peu rationnel, ont argumenté par analogie de l'art. 2269, qui, pour prescrire par dix ou vingt ans, n'exige la bonne foi qu'au commencement de la possession. — Nous croyons, quant à nous, que, dans la loi citée, Africain ne voulait dire qu'une chose, c'est que, la publicité succédant à la clandestinité, la possession n'en resterait pas moins vicieuse et inefficace pour produire l'usucapion qui, dans les principes romains, ne pouvait s'accomplir qu'autant que le possesseur avait été de bonne foi au commencement. Le jurisconsulte, dont le but unique était de déclarer la possession inutile, ne s'est pas montré scrupuleux sur le choix de ses expressions. — Quant à l'argument tiré de l'art. 2269, il n'est pas sérieux : il n'y a pas d'analogie entre les deux cas. Il importe peu au propriétaire que la bonne foi s'affaiblisse ou même disparaisse chez le possesseur, il lui importe au contraire beaucoup que la possession soit publique, puisque c'est cette publicité qui doit stimuler sa surveillance.

Du reste, toutes ces discussions sont peu pratiques, et la possession clandestine des immeubles est assez difficile à concevoir. On donne ordinairement pour exemple la possession d'un propriétaire qui aurait agrandi ses caves en creusant sous la propriété du voisin, acte qui, suivant Pothier (*Traité de la prescription*, n° 37), ne pourrait lui faire acquérir ni la prescription ni les actions possessoires. Mais, comme tout dépend des faits, on pourrait très-bien réputer la possession publique dans cette même hypothèse, si des larmiers existaient pour révéler aux parties intéressées l'existence du souterrain.

Il est évident aussi que le voisin ne pourrait se prévaloir de la clandestinité s'il était prouvé qu'il a eu par quelque autre moyen connaissance des travaux exécutés.

§ 8. *La possession doit être non équivoque.*

La possession est équivoque quand on peut se méprendre sur la nature des actes qui la constituent, quand on ne sait quelle espèce de prétention l'auteur de ces actes élève sur la chose, et quand on ne sait pas même s'il élève une prétention. Duparc-Poullain disait que *les actes de possession doivent être propres et déterminés à l'exercice du droit qu'on prétend*, et M. Pardessus (p. 420, n° 281) rend la même idée en enseignant « qu'il ne doit point exister « de doute, soit sur la nature de la possession, soit « sur les effets qu'entend y attacher celui qui « l'exerce. » Et il nous en donne la raison : « Cette « règle est fondée sur ce que la possession étant tout « à la fois de fait et de droit, le fait qui la manifeste

« doit être accompagné d'une intention positive
« d'acquérir le droit. »

Ainsi votre possession est équivoque quand vous
faites pacager des troupeaux ou que vous coupez
des joncs dans un terrain vague ; car qui sait si vous
entendez exercer une vaine pâture, si vous com-
mettez un délit ou si vous agissez à titre de maître ?
— Un communiste, un cohéritier qui cultive seul un
fonds de la communauté ou de la succession, a une
possession entachée du même vice ; il peut sans doute
agir en maître, mais on peut supposer aussi qu'il a
agi comme gérant d'affaires. Enfin une possession est
encore équivoque si les actes qui la constituent peuvent aussi bien s'expliquer par la simple familiarité
qui doit exister entre voisins que par une prétention à
la propriété du sol. C'est ainsi qu'on voit souvent les
propriétaires des forêts retirer sur les champs voisins
les bois abattus qui encombrent leurs coupes à l'é-
poque de la pousse, sans qu'on ait jamais cru qu'ils
pussent acquérir par là la possession de ces fonds.

§ 8. *La possession ne doit pas être fondée sur des
actes de pure faculté ou de simple tolérance.*

Le sens de ces mots pure faculté, simple tolérance,
doit être cherché dans nos anciens auteurs (Dunod.,
de la presc., p. 85 à 87).

Les actes de pure faculté sont ceux que je puis à
volonté faire ou ne pas faire sans que les tiers puissent tirer aucun avantage juridique de mon action

ou de mon inaction. L'exercice de ces actes constitue pour moi une pure faculté en ce sens qu'il n'est pas nécessaire à la conservation de mon droit. Ainsi je puis à volonté me marier ou ne pas me marier, tester ou ne pas tester, bâtir ou ne pas bâtir sur mon terrain; j'aurais beau rester trente ans sans bâtir, je n'aurai pas perdu le droit de bâtir à l'avenir; quand je me suis abstenu de bâtir le voisin n'a rien possédé d'anormal contre moi; il ne peut avoir rien acquis contre moi; tous les auteurs sont d'accord sur ce point que les facultés sont imprescriptibles et ne s'éteignent pas par le non usage, à la différence des droits proprements dits. Ainsi l'on décidera que si j'étais resté un temps immémorial sans ouvrir dans mon mur les jours de souffrance autorisés par l'art. 676 du Code N., cela ne m'empêcherait pas de les prendre dès l'instant où ils me deviendraient utiles. S'il s'agissait, au contraire, d'une servitude de vue stipulée par convention, je serais tenu d'exercer mon droit si je voulais le conserver. Autrement le droit commun reprendrait son empire. Si la propriété qui est un droit ne se perd pas par le non usage, c'est que l'exercice du droit de propriété est une faculté; c'est en ce sens qu'il est vrai de dire qu'une faculté est plus qu'un droit (Royer-Collard cité par Troplong, t. 1, n° 103).

Mais en se plaçant à un autre point de vue une faculté est moins qu'un droit; car un acte de pure faculté est celui qu'on exerce d'après l'ordre naturel des choses, tandis qu'un droit suppose une dérogation à la règle commune, toujours un certain empiétement sur autrui; par suite l'exercice d'un droit pourra produire des conséquences que n'amènera pas l'usage d'une faculté. L'art. 2232 du Code Nap. fait l'application de ce principe quand il nous dit que les actes de pure faculté ne peuvent servir de fondement à la prescription ni par suite à la possession annale.

Les actes de simple tolérance ne peuvent pas non plus fonder une possession capable d'engendrer les actions possessoires. On appelle ainsi tous les actes que je n'exerce que grâce au bon vouloir d'une autre personne qui pourrait me les défendre, mais qui me les laisse faire par bienveillance ou à raison du peu de préjudice que ces actes lui causent. Parmi ces actes il faut placer en première ligne les passages, les puisages et, en général, toutes les servitudes discontinues dont l'imprescriptibilité n'a pas d'autre cause.

Le motif qui a dicté l'art. 2232 est un motif de bon ordre; si tout acte de tolérance de votre part devait fonder une possession juridique, un droit au profit du voisin et à votre préjudice, le voisinage serait une source de guerre perpétuelle.

Un acte qui ne serait pas par lui-même un acte de tolérance pourrait recevoir ce caractère par la convention des parties. Ainsi je puis très-bien convenir que l'ouverture d'une fenêtre à la distance prohibée sur mon héritage sera de pure tolérance et devra être supprimée à la première réquisition.

M. Carou (Principes des actions poss. n° 581) a fait remarquer avec raison que l'art. 2232 était inutile après l'art. 2229, puisque tous les actes de faculté ou de tolérance sont exclusifs de l'intention de posséder à titre de maître, intention sans laquelle il n'y a pas de possession légale.

§ IX. — *La possession ne doit pas être fondée sur des délits.*

A toutes ces conditions ajoutons en une autre que la raison réclame, c'est que la possession ne doit pas être délictueuse. Lorsque la loi frappe d'une peine corporelle, d'une amende, des actes qu'elle considère comme répréhensibles, elle ne peut en même temps y attacher la complainte comme pour récompenser d'un côté ce qu'elle punirait de l'autre.

Loysel (dans ses Inst. cout. liv. 5, ch. 4, n° 21) proclame déjà cette vérité de bon sens : « De chose « qui touche délit ne se peut dire aucun ensaisiné et « ne fait à ouir en complainte ne par usage ne par « coutume. » C'est en partant de ces considérations que la Cour de cassation a jugé que l'usager qui exploite une coupe de bois dans une forêt sans délivrance préalablement faite par des agents forestiers, acte qui constitue un délit aux termes des art. 70, 96 et 120 du C. forest. ne pouvait invoquer ni la possession annale ni la prescription.

Mais une observation est à faire, c'est que la possession délictueuse à laquelle résiste la loi n'est point celle qui a seulement commencé par un délit et qui s'est continuée ensuite par une jouissance inoffensive, mais celle qui viole constamment la loi, qui n'est qu'un délit prolongé. La première devient en effet valable dès que les faits de jouissance cessent d'être des délits (2233, 2ᵉ al. C. N.); la seconde est perpétuellement vicieuse. Dans l'exemple cité, l'usager, à chaque brin de taillis qu'il abat, commet un nouveau délit, et comme le crime ne se légitime pas par la récidive, la répétition des mêmes actes coupables ne pourra jamais fonder un droit à son profit.

CHAPITRE IV.

Des objets des actions possessoires.

Nos lois n'ont déterminé nulle part les choses qui peuvent être l'objet de l'action possessoire. La règle générale est que tout immeuble corporel ou incorporel peut être l'objet de la complainte et qu'aucun meuble ne peut l'être. Mais à ce principe il y a de nombreuses exceptions. Nous diviserons nos explications à cet égard en deux sections. Dans une première, nous parlerons des immeubles, dans une seconde, des meubles, suivant ainsi la division fondamentale des biens dans notre droit français.

SECTION PREMIÈRE

Des immeubles.

Suivant le Code civil, les biens sont immeubles par leur nature ou par leur destination, ou par l'objet auquel ils s'appliquent.

§ 1. Des immeubles par leur nature.

La possession considérée comme droit est une présomption provisoire de propriété. Ce n'est qu'à ce titre que la loi la protége par les actions possessoires. Il est donc clair que les immeubles que la loi déclare non susceptibles de propriété privée, sont par cela même non susceptibles de cette possession juridique, nécessaire pour prescrire ou pour agir au possessoire ; telles sont les choses qui font partie du domaine public, comme les routes, les rues, les places publiques, les promenades, les églises, les rivières navigables ou flottables, les ports, les remparts et fortifications des places de guerre. Ces biens ont une destination essentiellement liée à l'ordre public et à l'intérêt général, et il y a une incompatibilité absolue entre cette destination et une appropriation privée. Les faits de possession dont ils seraient l'objet, ne sauraient donc faire naître une présomption contraire à cette destination, et dès lors ils ne peuvent être sus-

ceptibles ni de la prescription ni de l'action possessoire.

Disons quelques mots des plus importants d'entre
eux au point de vue des procès possessoires auxquels
ils peuvent donner lieu.

Les grandes voies de communication sont les routes
impériales, les routes départementales et les chemins
de fer, qui leur sont assimilés. La largeur de ces
routes une fois légalement fixée, tout empiétement
est réprimé administrativement, et, à supposer que
l'usurpation eût pu durer plus d'une année, elle ne
saurait constituer une possession utile ; la destination
de ces routes, l'intérêt public exclut à leur égard la
prescription et l'action possessoire.

Il en faut dire autant des fossés de ces routes, car
ces fossés font partie intégrante des routes elles-
mêmes. Notre solution serait évidemment tout autre
s'il était intervenu une décision de l'autorité portant
déclassement de la route. Du jour de ce déclassement
la route serait devenue propriété de l'état, et, comme
telle, serait sujette à l'action possessoire et à la prescription.

A côté de ces routes impériales et départementales
viennent les chemins qui sont la propriété des communes ; les uns sont les chemins vicinaux ; les autres
les chemins communaux proprement dits. Les chemins vicinaux sont ceux des chemins de la commune
qui ont été déclarés tels par un arrêté préfectoral.
Cet arrêté, aux termes de l'art. 15 de la loi du 21

mai 1836, emporte attribution définitive au chemin de la portion du sol comprise dans les limites déterminées pour sa largeur. Le chemin ainsi fixé fait partie du domaine public et l'art. 10 de la même loi le déclare imprescriptible. Il devient donc dès lors impossible de posséder utilement aucune de ses parcelles.

Mais, remarquons-le : si toute possession postérieure à l'arrêté est inutile, il n'en est pas de même de la possession qu'on pourrait avoir eue antérieurement à cet arrêté, car elle s'appliquait à un terrain susceptible de propriété privée. Cette possession servira aux riverains, en ce sens qu'ils pourront se pourvoir au possessoire contre la commune, à l'effet de faire constater qu'ils avaient bien la possession de ce terrain, qui a été compris dans le chemin, et d'établir ensuite, d'après ce jugement possessoire, le chiffre de l'indemnité qu'ils ont à réclamer.

Aucune loi ne s'est occupée des fossés creusés le long des chemins vicinaux. — Nous croyons que si le préfet les a compris dans la fixation de la largeur du chemin vicinal, ils participent alors à sa nature imprescriptible, et que, si le préfet ne l'a pas fait, il faut régler la question d'après les principes du Code Nap. sur l'attribution de la propriété des fossés mitoyens (art. 666 et suiv.).

Quant aux autres chemins communaux qui n'ont pas été déclarés chemins vicinaux, ils ne sont pas réputés choses imprescriptibles par la loi de 1836; ils restent donc sous l'empire du droit commun qui veut que la prescription coure toutes les fois qu'il n'y a pas une exception formelle dans la loi. Ils sont donc susceptibles d'une possession juridique pouvant donner lieu à des contestations possessoires. Ainsi, la commune pourra traduire les usurpateurs au possessoire devant le juge de paix, et même, en cas de mauvais vouloir ou d'insouciance de la part de l'autorité communale, tout contribuable inscrit au rôle de la commune pourra, après sommation faite au maire, et en obtenant l'autorisation du conseil de préfecture, exercer l'action possessoire au nom de la commune, de telle sorte que la commune étant ainsi mise en cause, le jugement à intervenir lui sera opposable (art. 40, loi du 18 juillet 1837).

Tout ce que nous venons de dire relativement aux routes et aux chemins s'applique à leur continuation dans l'intérieur des villes et villages, c'est-à-dire aux rues et aux places. Il faut s'en rapporter, à cet égard, aux plans d'alignement dressés par l'administration. Tous les terrains compris dans la ligne d'abornement font partie de la voie publique.

Dans toutes ces questions s'élève une difficulté très-grave. Il n'y a de possession utile que si la chose ne fait pas partie du domaine public. La question de la recevabilité de l'action possessoire est donc subordonnée à la solution qu'on donnera à cette autre question : le terrain qu'on réclame fait-il, oui ou non, partie du domaine public ?

Cette dernière question est une question pétitoire. Comment donc comprendre la compétence du juge de paix en pareille matière ?

La Cour de cassation a répondu à cette question en faisant une distinction qui nous semble fondée. Le caractère public de la chose litigieuse est-il ou n'est-il pas certain ? S'il est certain, le juge de paix doit repousser l'action possessoire ; car pourquoi maintiendrait-on le prétendu possesseur, quand il est établi, par le simple aspect des lieux, d'après un plan d'alignement de l'administration, qu'il a usurpé une portion de la voie publique, et qu'il succombera sur la question de propriété ? Que s'il y a doute sur le caractère public du terrain contesté, le juge de paix, interprétant ce doute par la possession elle-même, doit maintenir le possesseur annal. — La nature prétendue du terrain ne doit rien changer à la compétence tant qu'il n'est pas prouvé que cette nature exclut toute idée d'appropriation privée.

Les rivières navigables ou flottables, les canaux servant à la navigation et tous les cours d'eau naturels ou artificiels qui font partie du domaine public, ne sont pas plus susceptibles de possession que de propriété privée. La nature, leur destination, les travaux exécutés par le gouvernement en ont fait des choses essentiellement publiques. C'est l'administration, gardienne des droits de tous, qui est chargée de leur surveillance. Aussitôt que se manifeste une tentative d'usurpation, l'autorité est là pour la réprimer

et il est bien rare qu'on puisse voir se former en pareille matière une possession annale.

Toutefois, la chose n'est pas impossible : une usurpation peut se produire et la tolérance de l'administration la laisser durer plus d'une année. Ainsi, c'est
un voisin qui exerce une prise d'eau depuis plus d'un
an dans une rivière navigable ou flottable, pourra-t-il
se faire maintenir au possessoire contre les entreprises
des propriétaires voisins qui entraveraient sa jouissance ? On a dit, pour l'affirmative, que l'intérêt public n'était pas compromis dans l'espèce puisqu'il ne
s'agissait que d'une contestation entre particuliers ;
qu'au point de vue des tiers, le droit que le riverain
avait tiré de sa positi n devait être considéré comme
légitime; que, par suite, a possession devait être répu-
tée utile et que le juge de paix pouvait décider la question. Nous ne pouvons partager cette manière de voir :
l'art. 644 du C. N. refuse aux propriétaires riverains
d'une rivière navigable le droit de se servir des eaux de
cette rivière, et l'art. 538 du même Code la déclare
partie du domaine public. Toute prise d'eau dans une
rivière nous semble être une anticipation sur cette
rivière et rentrer dans ces termes de l'art. 1er de la
loi du 29 floréal an X : « Les contraventions telles
« qu'anticipations sur les canaux, fleuves et rivières
« navigables, leurs chemins de hallage, francs bords,
« fossés et ouvrages d'art, seront constatées, poursui-
« vies et réprimées par voie administrative. » Il y a
donc, dans l'espèce, une possession délictueuse, incapable d'engendrer un droit quelconque pour le dé-

linquant. La solution serait tout autre si la prise d'eau avait été autorisée par une concession formelle de l'administration. La non recevabilité de l'action possessoire n'aurait plus aucune raison d'être.

Quant aux cours d'eau qui ne font pas partie du domaine public, c'est-à-dire quant aux rivières non navigables et non flottables et aux simples ruisseaux, ils peuvent tout aussi bien que les étangs, puits, et citernes devenir l'objet de l'action possessoire. Ce sont choses susceptibles de propriété privée et, par suite, de possession juridique. La loi du 25 mai 1838 n'a donc fait qu'énoncer une conséquence qui découlait logiquement du principe général de la matière, quand, dans son art. 6, elle a attribué au juge de paix la connaissance des entreprises commises dans l'année sur les cours d'eau servant à l'irrigation des propriétés et au mouvement des usines et moulins.

Suivant nous, le lit des rivières non navigables et non flottables appartient à l'Etat. Cela résulte, à nos yeux, de l'art. 563 C. N., d'après lequel, en cas de changement de lit, les propriétaires des fonds nouvellement envahis prennent l'ancien lit à titre d'indemnité, ce que la loi n'aurait pas pu faire si l'ancien lit avait été la propriété des riverains. Ce sera donc l'État qui aura qualité pour agir au possessoire contre les personnes qui entreprendraient quelque chose dans le cours de ces rivières, comme d'y tirer du sable et d'y couper des herbes.

L'action possessoire appartiendra au contraire aux propriétaires riverains, si un propriétaire établit un barrage pour retenir les eaux sur son héritage; s'il modifie le cours de l'eau qui traverse son fonds, de manière à ne pas la rendre au point ordinaire de sa sortie; s'il s'empare du cours d'eau qui borde son héritage, de manière à empêcher ses voisins d'en jouir (644 Cod. N.)

Les entreprises sur les cours d'eau servant au mouvement des usines et moulins, peuvent procéder ou du fait des tiers, au préjudice du propriétaire de l'usine, ou du fait des propriétaires de l'usine au préjudice des tiers.

Le propriétaire d'une usine, qui se plaint d'une entreprise commise par un tiers sur le cours d'eau dont il jouit, ne peut être recevable dans son action que si ses usines ou moulins ont été autorisés par l'administration. Sans cela, leur établissement est un délit, et la possession qui s'y attache n'a, par suite, aucun effet juridique. Le juge de paix doit donc s'informer, avant tout, si l'usine existe légalement, et c'est du résultat de cette information que dépend la recevabilité de la complainte.

Il peut arriver, au contraire, que ce soient les propriétaires riverains qui aient à se plaindre de quelque construction ou innovation exécutée par le maître de l'usine. Le juge de paix est-il compétent sur une pareille demande? peut-il ordonner la destruction des travaux en question? C'est là une des questions les plus délicates et les plus controversées de la théorie des actions possessoires.

M. Proudhon enseigne que la matière est du ressort exclusif de l'administration, *qu'elle seule pouvant approuver, elle seule aussi doit pouvoir improuver; qu'il en est ainsi dans tous les cas, que l'usine ait été construite avec ou sans l'autorisation du gouvernement.* Il reconnaît bien aux tribunaux le droit d'adjuger des dommages-intérêts au cas de préjudice, mais il leur refuse invariablement le droit d'ordonner la suppression des travaux.

Cette opinion nous semble trop absolue.

Sans doute il ne faut pas que le pouvoir judiciaire empiète sur le pouvoir administratif, qu'un juge de paix puisse ordonner la destruction de travaux exécutés conformément à une autorisation de l'administration. Mais ces raisons n'ont de valeur, de portée que quand il y a eu autorisation administrative. Lorsque les travaux ont été faits sans autorisation, rien ne s'oppose, suivant nous, à ce que le juge de paix connaisse de la plainte des parties intéressées et ordonne la suppression des travaux nuisibles. Où est alors le danger d'empiéter sur les droits de l'administration? Elle n'a rendu de décision d'aucune espèce et les travaux en question lui sont complétement étrangers.

Que si les travaux ont été autorisés, nous pensons que la destruction n'en peut être ordonnée. Les raisons invoquées par M. Proudhon ont alors toute leur force. L'administration, aux termes des lois de 1791 et 1792 sur les cours d'eau, a le droit d'autoriser les établissements d'usine sur les rivières navigables ou non navigables et de fixer la hauteur des eaux. Les travaux exécutés conformément à cette autorisation sont exécutés sur la foi d'un acte administratif légalement rendu et dès lors le juge de paix qui en ordonnerait la destruction modifierait ou révoquerait cet acte administratif. Sans doute l'administration ne donne son autorisation que *sous la réserve des droits des tiers*, mais quel est le sens de cette réserve?—Nous croyons qu'elle n'a d'autre effet que de permettre aux parties auxquelles les travaux autorisés pourraient nuire de réclamer des dommages-intérêts. Ainsi l'établissement d'une usine, en rendant plus moins la pente de la rivière, fait refluer les eaux sur le fonds supérieur: les propriétaires riverains peuvent réclamer une indemnité en se fondant sur la possession antérieure qu'ils ont eue de ces terrains et le juge de paix peut sur cette action en complainte leur allouer les dommages-intérêts réclamés. — Attribution des dommages-intérêts au cas de préjudice, impossibilité d'ordonner la destruction des travaux dûment autorisés, telles nous paraissent être les déductions logiques des vrais principes. C'est en ce sens que nous interprétons la pensée du législateur lorsqu'il déclare dans l'art. 6 de la loi de 1838 le juge de paix compétent à raison des entreprises sur les cours d'eau, et qu'il ajoute: «Sans préjudice des « attributions de l'autorité administrative dans les

« cas déterminés par les lois et les règlements. » —
(Avis du Conseil d'État du 18 juillet 1838).

Il y a certaines espèces de biens qui sont déclarés
inaliénables et imprescriptibles par les lois, ainsi les
biens du domaine de la couronne ou de la liste civile
(édits de 1539, 1566 ; — Sén. c. du 30 janvier 1810 ;
— loi du 8 octobre 1814 ; du 2 mars 1832 ; — Sén.
c. du 12 décembre 1852). Cette imprescriptibilité
n'empêche pas, selon nous, que ces biens ne puissent
être l'objet de l'action possessoire. Quand on dit
que la possession pour agir en complainte est la
même que pour prescrire, cela ne doit s'entendre
que de la possession elle-même et des conditions requises pour qu'elle soit légale. Dans l'un comme dans
l'autre cas, on exige que la possession soit publique,
paisible, non précaire, non équivoque, et la raison
en est simple, c'est que dans l'un comme dans l'autre
cas, on ne peut tenir compte que d'une possession
opposable aux tiers. Mais l'imprescriptibilité ne touche pas aux caractères de la possession ; c'est une
qualité de la chose considérée en elle-même et abstraction faite de tout fait constitutif de possession.
Le juge de paix chargé d'apprécier ces faits de possession, n'a donc pas à examiner la question d'imprescriptibilité. Les biens à l'occasion desquels a lieu
le débat possessoire se présentent à lui avec tous les
caractères extérieurs des propriétés privées. Comme
elles, ils sont affermés, habités, cultivés. La possession qu'on en a revêt à ses yeux tous les caractères

de la possession légale. Pourquoi ne lui accorderait-il pas la protection de la loi?

On objecte qu'il y a inutilité à maintenir le possesseur annal puisqu'il est certain qu'il succombera au pétitoire. — Je réponds que d'abord, s'il n'a pas intérêt à triompher contre le propriétaire, au moins a-t-il intérêt à intenter la complainte contre les tiers. Qu'ensuite c'est là une question dont le juge de paix ne doit pas connaître : sans doute en traitant des choses du domaine public nous avons décidé que le juge de paix ne doit pas connaître des faits de possession qu'on prétendrait avoir exercés sur les routes publiques, sur les fleuves, sur les ports ; mais c'était parce que là il y avait évidence que l'usurpation avait été commise sur une chose non susceptible d'appropriation privée. L'aspect même des routes, des fleuves, des ports, repoussait toute idée de possession individuelle. Ces raisons n'existent plus dans l'espèce qui nous occupe, puisqu'il s'agit précisément de biens qui ne se distinguent en rien des biens privés.

En résumé nous dirons donc que si la possession de ces biens ne peut conduire à la prescription parce que la loi l'a défendu par un motif de faveur spéciale, elle peut produire tous les autres effets de la possession juridique parce que la loi n'a pas dit le contraire et qu'il n'y a aucune bonne raison de déroger aux principes généraux.

Nous appliquerons cette même doctrine aux biens

possédés privativement par l'État ou les communes, biens qui ne peuvent être aliénés qu'en vertu d'une loi mais qui sont prescriptibles (2227 C. N.). — Nous l'appliquerons également aux immeubles dotaux et aux biens des mineurs qui ne sont frappés que d'une imprescriptibilité temporaire (1561 et 2262 C. N.).

§. 2. *Des immeubles par destination.*

Quant aux immeubles par destination, comme ils ne sont réputés immeubles que parce qu'ils sont attachés à un immeuble, ils doivent redevenir meubles, reprendre leur véritable nature dès l'instant où on les en sépare, soit réellement, soit même fictivement ; ainsi en eux-mêmes ils ne sont pas susceptibles d'une possession légale. Des bestiaux attachés par le propriétaire à la culture d'un fonds, un cheval, un bœuf, un mouton ne sont pas susceptibles d'une possession annale distincte, ne peuvent pas devenir l'objet d'une action possessoire spéciale ; si un tiers s'en empare, j'aurai contre lui l'action en revendication, en dommages-intérêts, l'action de vol ; je n'aurai pas l'action possessoire, car la chose détachée de mon fonds est devenue un meuble et comme tel ne peut être soumise à cette action.

Considérés au contraire comme faisant partie de l'immeuble auquel ils sont attachés, comme accessoires de cet immeuble, ces mêmes objets mobiliers, immeubles par destination, peuvent donner lieu à l'action possessoire. Un propriétaire est troublé dans la possesion d'une usine, il se fera maintenir par la complainte, non-seulement dans la possession de l'usine, mais encore dans celle des objets mobiliers, machines, chaudières, étuves ou autres qui servent à son roulemet. La compétence du juge de paix, étant établie sur la chose principale, porte aussi nécessairement sur ses accessoires.

Quant aux immeubles par la fiction de la loi, et nous entendons par là les actions de la Banque de France, ainsi que celles des canaux d'Orléans et du Loing qui, par décrets du 16 janvier 1808 et 3 mars 1810, peuvent être immobilisés par une déclaration faite dans la forme des transferts, pour entrer dans la dotation d'un majorat, ils ne sauraient être l'objet des actions possessoires. Cette immobilisation, aux termes des décrets qui l'autorisent, n'a d'autre effet que de rendre applicables à ces actions les règles du Code Nap. sur l'aliénation des immeubles, et sur les priviléges et hypothèques. Quant à la nature même de la chose, elle n'est pas changée.

Si la fiction de la loi, qui immobilise un meuble, ne peut le rendre susceptible de l'action possessoire, à l'inverse, une cause d'ameublissement ne peut faire que l'action possessoire cesse de s'appliquer à des immeubles par nature. La clause n'a d'autre effet que de faire tomber les immeubles ameublis dans la communauté.

§ 3. *Des immeubles par l'objet auquel ils s'appliquent.*

Les immeubles par l'objet auquel ils s'appliquent sont, aux termes de l'art. 526 du Code Nap. :

L'usufruit des choses immobilières ;

Les servitudes ou services fonciers ;

Les actions qui tendent à revendiquer un immeuble.

Ces immeubles sont-ils susceptibles de donner lieu à l'action possessoire ?

§ 1.

Il n'est pas douteux que jamais une action, qui tend à revendiquer un immeuble, ne peut donner lieu à l'action possessoire (Carré, *Just. de paix*, 2, p. 271). — L'action, considérée comme droit d'agir et indépendamment du titre qui pourrait la constater, n'est qu'un droit purement abstrait. Il est impossible de lui appliquer cette possession admise, pour les choses incorporelles, par l'art. 2228 de notre Code Nap., possession qui consiste dans l'exercice de la jouissance de la chose. Exercer une action, c'est la détruire comme action, c'est la convertir en un autre droit qui sera susceptible ou non susceptible de l'action possessoire, suivant l'objet auquel il s'appliquera.

§ 2.

L'usufruit, les servitudes sont, au contraire, susceptibles de la possession définie par l'art. 2228 du Code Nap. — On possède un droit d'usufruit, une servitude prédiale, comme on possède un animal, un fonds de terre, par la détention. Répudiant les distinctions irrationnelles du droit romain, entre la possession du droit de propriété et la quasi-possession des droits réels d'usufruit, de servitude, le législateur français a admis que l'exercice de ces droits d'usufruit, de servitude, constituerait la possession de l'usufruit, de la servitude, comme l'exercice du droit de propriété, constitue la possession de la chose même.

L'usufruitier, ainsi que nous l'avons déjà démontré, possède son droit d'usufruit *proprio nomine, animo domini*. Il le possède à l'encontre des tiers aussi bien qu'à l'encontre du nu-propriétaire lui-même. L'art. 2236 ne le répute détenteur précaire que quant à la possession du fonds lui-même. Si donc il vient à être troublé dans l'exercice de son droit, il aura l'action possessoire. La question n'était pas douteuse dans notre ancien droit (Bourjon, de la complainte, sect. 3; Pothier, de la possession, n° 100). Elle ne nous semble pas l'être davantage dans notre droit actuel. L'usufruit est un droit immobilier. Ce droit immobilier est susceptible de possession. Les actes qui en constituent l'exercice sont trop importants pour qu'ils puissent passer pour des actes de tolérance ou de familiarité.

De ce que l'usufruitier possède son droit d'usufruit *proprio nomine* et qu'il détient le fonds pour le nu-propriétaire qui possède par son intermédiaire, il suit que quand une usurpation est commise sur un bien soumis à un droit d'usufruit, l'action possessoire appartient à la fois au nu-propriétaire et à l'usufruitier troublés chacun dans leur droit. Ce qu'ils ont de mieux à faire en pareil cas, c'est d'unir leurs efforts et d'agir ensemble contre l'auteur du trouble ou de la spoliation. Alors la même chose sera jugée pour ou contre eux deux.

Les droits d'usage et d'habitation sont de la même nature que le droit d'usufruit. Ils doivent être régis au possessoire par les mêmes principes. L'usager aura la complainte pour son droit d'usage ou d'habitation, comme l'usufruitier l'a pour son droit d'usufruit.

Nous refuserons l'action possessoire au locataire et au fermier. Ils sont détenteurs précaires et n'ont pas de droit réel. Si le fermier ou locataire est troublé, c'est le bailleur, possesseur véritable, qui seul pourra agir pour sauvegarder son droit à l'aide de la complainte ou de la réintégrande. Mais le fermier et le locataire ne resteront pas pour cela sans ressources ; ils ont deux actions à leur service : d'abord, comme le bailleur est obligé de les faire jouir de la chose, ils peuvent réclamer de lui une indemnité ou l'appeler en garantie, et puis, en vertu du principe de l'art. 1382 du Code Napoléon que « tout fait quelconque « de l'homme qui cause à autrui un dommage, oblige « celui par la faute qui il est arrivé à le réparer. » Ils peuvent agir directement contre l'auteur du trouble ou de la spoliation et obtenir la réparation du dommage causé, mais ce n'est plus là une action possessoire ; elle n'est plus nécessairement de la compétence du juge de paix. Et au lieu d'être ouverte seulement pendant l'année du trouble ou de la spoliation, elle dure trente ans comme la généralité des actions possessoires.

Le séquestre pas plus que le fermier, ne possède pour lui-même ; il n'a pas qualité pour intenter l'action possessoire. Le gagiste a bien un droit réel, le droit de rétention ; mais c'est un droit mobilier (2072 C. N.). — Toutefois, le droit de rétention peut avoir pour objet des immeubles. Ainsi le cohéritier peut, aux termes de l'art. 867, retenir la possession de l'immeuble qu'il rapporte en nature jusqu'au remboursement effectif des sommes qui lui sont dues pour impenses et améliorations. Dans ce cas et dans tous ceux dans lesquels le droit de rétention s'applique à un immeuble (555-2175 C. Nap.), le rétentionnaire troublé dans la possession de l'immeuble qu'il ne retient plus que comme gage, aura l'action possessoire.

Dans notre ancien droit, on nommait emphythéose un contrat par lequel le propriétaire d'un héritage en cédait la jouissance pour un long temps, souvent pour 99 ans, quelquefois à perpétuité, à la charge pour le preneur de bâtir, améliorer, cultiver, et de payer une redevance annuelle. — On enseignait que le bail emphythéotique divisait la propriété du domaine en deux parties, l'une qui constituait le domaine utile, l'autre le domaine direct. Le domaine utile ou le droit de jouir des fruits passait au preneur, la propriété du fonds continuait à reposer sur la tête de l'ancien propriétaire. Contrat *sui generis*, l'emphythéose n'était au fond ni un louage ordinaire ni une aliénation. Il conférait au preneur, en ce qui concerne la jouissance, un droit plus étendu que le droit d'usufruit, un véritable droit réel auquel on attachait l'action possessoire. La Cour de cassation a proclamé l'existence de l'emphythéose dans notre droit actuel et donné à l'emphythéote le droit d'agir au possessoire contre le propriétaire même de l'héritage (Arrêt, 26 juin 1822).

Nous croyons que l'emphythéose n'existe plus. Il n'est mentionné nulle part dans nos codes ; il entrait dans l'esprit de leurs rédacteurs de ne pas ressusciter les droits qui rappelaient la féodalité. Tout ce qui est droit réel est d'ordre public, puisque le droit réel existe contre tous, *adversus quemcumque turbantem vel impedientem*. L'art. 543 énumère les droits réels et repousse tout cisaillement de la propriété. — L'art. 6 de la loi du 11 brumaire an VII classait l'emphythéose parmi les biens susceptibles d'hypothèque, l'art. **2218** du C. N. qui a reproduit cet article a eu grand soin de retrancher l'emphythéose. — On peut décorer un bail du nom de bail emphythéotique ; mais ce bail ne produira que les effets du louage ordinaire ; il ne produira point de droit réel au profit du preneur ; il ne pourra contenir les anciennes clauses du bail emphithéotique qu'autant qu'elles ne seront pas contraires à l'ordre public. Il ne conférera au preneur que de simples droits personnels qui ne pourront donner lieu aux actions possessoires.

Quant au droit de superficie, c'est un véritable droit de propriété sur les constructions qui couvrent la surface du sol. — A Rome, la possession de ce droit était protégée par un interdit spécial (Ulp. Loi 1, Pr. *de superf.*). Aussi M. Proudhon a pensé que le superficiaire troublé dans sa possession devait avoir la complainte.

Dans les domaines congéables usités encore dan s notre Bretagne, la propriété est répartie entre deux personnes. Le fonds appartient au propriétaire foncier ; les édifices ou superfices appartiennent au colon ou domanier. Faisant ici l'application des principes précédents, nous déciderons que le domanier ne peut intenter les actions possessoires à propos des fonds dont il n'est que le fermier ; mais qu'il peut intenter ces mêmes actions à propos des édifices et superfices dont il est vraiment propriétaire.

§ 3. *Des servitudes.*

La loi distingue trois sortes de servitudes : Elles dérivent ou de la situation naturelle des lieux, ou des obligations imposées par la loi, ou des conventions entre les propriétaires (Art. 639. C. N.).

Les servitudes qui dérivent de la situation des lieux sont aussi des servitudes imposées par la loi. Car c'est la loi elle-même qui les consacre en déterminant les obligations des propriétés les unes envers les autres par le seul fait de leur position respective. A vrai dire, il n'y a donc que deux sortes de servitudes, les unes résultant de la loi, les autres des conventions (Toullier, t. 3, p. 357). Et encore ne faut-il pas oublier que les servitudes légales ne constituent pas des servitudes dans l'acception propre et technique du mot. Elles sont une manière d'être de la propriété. Il n'y a pas deux droits distincts et pouvant être séparés, l'héritage et la servitude, il n'y a que la propriété étendue jusqu'à telle limite, modifiée de telle ou telle manière (M. Crémieux, théor. des act. poss., n° 343).

DES SERVITUDES LÉGALES.

Les servitudes légales telles que le Code Nap. nous les donne peuvent se diviser en deux classes. Les unes consistent dans le droit de forcer le voisin à faire quelque chose, par exemple, à borner son héritage (643 C. N.), à contribuer aux frais d'un mur de séparation (663 C. N.) Les autres consistent dans le droit de contraindre le voisin à souffrir ou à ne pas faire quelque chose; ainsi on le forcera à souffrir sur son fonds l'écoulement des eaux qui proviennent naturellement du fonds supérieur (Art. 640); ainsi on l'empêchera d'ouvrir un jour sur la propriété voisine (678 C. N.).

Les premières constituent entre les deux voisins de vraies obligations corrélatives. « *Servitutum non ea* « *est natura ut aliquid faciat quis sed ut aliquid pa-* « *tiatur vel non faciat* » (Loi 15, § 1, *de servit.*). Elles existent au profit de l'un, comme au profit de l'autre. Elles existent par la seule force de la loi, indépendamment de tout fait antérieur de possession (1370 C. N.), et il est impossible de concevoir de la part du voisin aucun fait ou acte extérieur par lequel il puisse protester contre ce droit et l'anéantir. Ces prétendues servitudes doivent donc être exceptées de l'action possessoire.

Il n'en est pas tout à fait de même des servitudes légales de la seconde classe. Considérées en elles-mêmes, elles ne peuvent pas plus que les premières être l'objet des actions possessoires. Elles existent en effet à l'état de droits abstraits et par la seule volonté de la loi. Mais considérées par rapport au fonds auquel elles sont attachées, elles supposent au profit de ce fonds l'obligation imposée au voisin de ne pas faire

ce qui l'empêcherait de souffrir la servitude, obligation contre laquelle il lui est possible de protester par
des actes extérieurs. Si donc il exécute des travaux
en opposition avec la servitude que la loi lui impose
ou de nature à le soustraire à cette servitude, il y
a intérêt pour le propriétaire voisin à se pourvoir
en justice pour demander la suppression de ces travaux.

Au premier abord, il semble que cette suppression
ne pourra être demandée que par la voie pétitoire.
Car sur quoi pourra s'appuyer le demandeur ? Sur le
droit que la loi lui donne à raison de la situation dans
laquelle il est placé. Et dès lors ce n'est plus une
question de fait; c'est une question de droit; il n'y a
pas matière à l'action possessoire.

Ce raisonnement ne nous semble pas exact. Le
droit que me donne la loi constitue une qualité du
fonds que je possède. La possession réelle de ce fonds
emporte pour moi le droit d'en jouir en pleine liberté
sans que le voisin puisse rien faire qui attente à ce
droit. A l'instant donc où ce dernier exécute des travaux de nature à me priver de l'exercice de l'un de
ces droits que la loi attribue au fonds que je possède,
il y a trouble à ma possession, il y a fondement à
l'action possessoire. — Ainsi le propriétaire d'un
fonds supérieur aura l'action possessoire afin de faire
détruire les travaux exécutés par le propriétaire du
fonds inférieur pour soustraire ce fonds à la servitude
à laquelle il est assujetti aux termes de l'art. 640. C.

N. — Ainsi le propriétaire du fonds inférieur qui, aux termes des art. 641 et 642 du Code Nap., possédera un cours d'eau provenant du fonds supérieur, pourra intenter la complainte contre le propriétaire qui par un travail quelconque changerait la direction des eaux. — De même si l'on détourne l'eau qui traversait mon terrain (644 C. N.), si l'on crée des obstacles à l'exercice d'un droit de passage que je réclame comme possesseur annal d'un fonds enclavé(682 C. N.), il y aura lieu à l'action en complainte. Mon droit au passage n'est que la continuation naturelle de ma propriété. Si j'étais privé de ce droit, ma propriété, ma possession ne serait véritablement plus complète.

L'art. 643 règle un cas particulier. Il porte que « le propriétaire de la source ne peut en changer le « cours lorsqu'il fournit aux habitants d'une com- « mune, village ou hameau, l'eau qui leur est né- « cessaire, mais que, si les habitants n'en ont pas « acquis ou prescrit l'usage, le propriétaire peut « réclamer une indemnité, laquelle est réglée par « experts. »

Il ne s'agit pas là d'une servitude réelle, puisque la servitude est une charge imposée sur un héritage pour l'usage et l'utilité d'un autre héritage, et qu'ici il s'agit d'un droit accordé pour l'utilité des personnes.

MM. Proudhon (t. 5, p. 44) et Carré (*Just. de P.*, t. 2, p. 316) ont soutenu que « la commune à la-

« quelle l'eau était nécessaire pouvait user de l'ac-
« tion possessoire en maintenue comme légalement
« fondée à y exiger son droit d'usage. »

C'est une erreur évidente. La prescription dont
parle l'article s'applique à l'indemnité que peut réclamer le propriétaire de la source et non au droit
que l'article donne aux habitants de jouir de l'eau.
Pour que le droit existe, il n'y a pas besoin que la
commune ait possédé la source pendant un an, et il
ne suffit pas qu'elle ait eu cette possession ar̃nale.
Ce droit existe à l'instant et par cela seul que l'utilité
publique en est reconnue. Il y a là une question de
droit qui ne peut se régler que par l'action pétitoire.

Des servitudes conventionnelles.

Avec le Code, nous distinguons les servitudes en
servitudes continues et discontinues, apparentes et
non apparentes.

Les servitudes continues et apparentes, comme les
servitudes de vue, d'aqueduc, s'acquièrent par la
prescription de trente ans (art. 690 Code N.). Elles
sont susceptibles de possession et peuvent être l'objet
de la complainte. Ce point a toujours été constant
(Dunod, p. 288 ; Toullier, t. 3, n° 713).

Le même accord n'existe pas relativement aux
servitudes discontinues. Ces servitudes sont-elles
susceptibles de possession ? sont-elles susceptibles de

prescription ? La possession pour agir au possessoire étant la même que la possession pour prescrire, tous les biens qui, par leur nature, ne sont pas susceptibles de prescription ne seront pas non plus susceptibles d'une possession pouvant donner lieu à l'action possessoire. L'art. 691 du Code Nap. nous dit que ces servitudes ne s'acquerront que par titres ; est-ce prohiber la prescription d'une façon complète à leur égard, comme cela semble résulter de la comparaison des art. 690 et 691 ? Est-ce dire, par une conséquence forcée, que l'action possessoire est inapplicable à ces sortes de servitudes, ou bien devons-nous admettre les distinctions que la doctrine et la jurisprudence ont faites à cet égard ? Telle est la question à examiner.

Si les servitudes discontinues ne sont pas prescriptibles, ce n'est pas faute d'une possession continue. Ce n'est pas à cause des intervalles plus ou moins longs qui séparent les actes de possession. La propriété d'un fonds s'acquiert par prescription et cependant les actes de maître qui peuvent en constituer la possession, tels que l'acte de semer et l'acte de récolter, sont certainement moins fréquents que les actes constituant la possession d'une servitude, comme de passer journellement sur un fonds, de puiser journellement à une fontaine. — Nous l'avons déjà dit : une possession est continue dans le sens de l'art. 2229 dès lors qu'elle consiste dans des faits assez rapprochés les uns des autres pour imiter la possession du propriétaire. Le seul motif qui puisse faire déclarer les servitudes discontinues imprescriptibles est dans l'art. 2232 qui dit que les actes de tolérance ne peuvent fonder ni possession ni prescription. Les faits de passage, de puisage et autres semblables sont toujours censés, jusqu'à preuve contraire, n'être fondés que sur la simple familiarité, n'être soufferts que par esprit de bon voisinage.

Mais si c'est cette présomption qui rend imprescriptibles les servitudes discontinues, ne s'en suit-il pas par une conséquence logique que du jour où des faits réels, positifs, viennent contredire cette présomption légale, ces mêmes servitudes peuvent être l'objet de la prescription et de l'action possessoire?

On l'a soutenu et de graves auteurs parmi lesquels on peut citer M. Proudhon (t. 8. Usuf. n° 3585) et M. Troplong (de la presc. n° 393), ont enseigné qu'il y avait prescriptibilité dès qu'il y avait eu contradiction formée au droit du propriétaire. Dès lors, dit-on, il n'y a plus possibilité de supposer la familiarité et la tolérance; on argumente par analogie de l'art. 2238, d'après lequel le détenteur précaire a interverti son titre et par suite peut prescrire, à partir du jour où il a fait opposition au droit du propriétaire.

Ce système nous paraît inadmissible en présence de l'art. 691. Cet article porte formellement que les servitudes discontinues ne peuvent s'établir que par titres, que la possession même immémoriale ne peut les établir. La première condition pour réclamer une servitude de cette nature est donc d'exhiber un titre, la contradiction n'est certainement pas un titre ; autrement il serait trop facile de s'en créer un à soi-même en envoyant un huissier faire sommation à son voisin. — D'ailleurs, même au cas de contradiction, il n'est pas encore impossible de supposer la tolérance ou au moins la faiblesse.

Mais que faut-il dire si celui qui exerce la servitude et demande à y être maintenu la possède d'une façon non équivoque, en vertu d'un titre émané *a non domino?* — Ici la question est différente. Il y a un titre comme l'exige l'art. 691. Ce titre exclut l'idée d'une jouisssance précaire. Nous croyons qu'il y a lieu alors d'admettre l'action possessoire. Dans l'ancien droit, la question ne faisait guère de doute : « Presque tous les docteurs, « nous dit Dunod (*de la Prescript.*, 2ᵉ part., chap. I, « nᵒˢ 3 et 4), soutenaient l'opinion affirmative. » Il cite d'Argentré qui dit précisément (sur l'art 271 *Consuet. britan.*) : «*Sed et discontinuas quoque vis* « *tituli prescreptibiles reddit cùm evenit titulum a* « *non domino habere quod vulgò docent servitutes.* » — C'était la doctrine généralement professée, même sous l'empire des coutumes, qui, comme le Code civil, n'admettaient pas l'acquisition des servitudes sans titre. La coutume d'Orléans disait, dans son art. 215 : « Vues, égoûts et autres droits de servi- « tude ne portent saisine à celui qui les a s'il n'a

« *titre valable*, et, sans titre valable, ne les peut
« prescrire par quelque temps que ce soit. » Et cette
disposition n'empêchait pas Pothier de professer,
dans son Commentaire sur la coutume, que les
servitudes discontinues sont prescriptibles pourvu
qu'elles soient fondées sur un titre émanant même
a non domino. « Ma possession, dit-il, n'est pas, en
« ce cas, destituée de titre, puisque je possède en
« vertu d'un titre d'acquisition, *ab eo quem bona*
« *fide credebam dominum esse*, et ma possession ne
« peut passer pour une tolérance, puisque j'use du
« droit de servitude, *tanquàm existimans me jus*
« *servitutis habere.* » — Dans son *Traité de la pos-*
session, Pothier est encore plus formel : « Lorsque
« celui qui a joui rapporte un titre en vertu duquel il
« a joui du passage ou de quelque autre espèce de
« servitude sur un héritage, quoique le propriétaire
« qui l'a troublé dans sa jouissance conteste sa vali-
« dité, la jouissance qu'il a eue en outre de ce titre
« ne passe plus pour une simple tolérance et suffit
« pour qu'il puisse former la complainte et demander
« à être maintenu par provision dans la jouissance
« jusqu'à ce qu'il ait été statué définitivement au
« pétitoire. »

On trouve dans la coutume de Paris un art. 186 qui
reproduit les mêmes principes que celle d'Orléans :
« Droit de servitude ne s'acquiert par longue jouis-
« sance, quelle qu'elle soit, sans titre, encore que
« l'on en ait joui par cent ans. » — Ferrière, d'ac-

cord en cela avec tous les autres commentateurs, enseigne que cet article n'empêche pas de prescrire les servitudes avec titre émané *a non domino*; car, comme il le remarque : « Cet article ne dit pas que « les servitudes ne se puissent jamais prescrire en « quelque cas que ce soit, mais qu'elles ne se peuvent « acquérir sans titre (art. 186 cout. de Paris, glose « 1, n° 8). »

Il est donc bien établi, par le témoignage de ces deux auteurs, que la maxime *nulle servitude sans titre* n'excluait pas d'une façon absolue la prescription quant aux servitudes. On l'admettait dès qu'il y avait titre, et il y a véritablement titre, comme l'enseignent Pothier et Ferrière, lors même que le titre émane *a non domino*.

Y a-t-il dérogation à ces principes dans notre législation actuelle ? Que dit le Code Nap. ? « Les servitudes « discontinues ne peuvent s'établir que par titre « (art. 691 Code N.). » Est-ce autre chose que la traduction de la maxime *nulle servitude sans titre* ?

L'art. 691 du Code Nap. nous semble avoir été copié sur l'art. 186 de la coutume de Paris. Entre les deux rédactions, il n'y a aucune différence appréciable, aucune nuance qui puisse faire supposer que les rédacteurs du Code aient voulu changer ce qui existait. Le texte de l'art. 691 nous semble donc devoir s'expliquer comme on expliquait les textes des coutumes d'Orléans et de Paris. Les servitudes ne s'acquièrent que par titre ; mais la possession n'est pas destituée de titre quand il y a un titre émanant *a non domino.*

Si le possesseur d'une servitude discontinue peut agir au possessoire qnand sa possession s'appuie sur un titre émanant *a non domino,* à plus forte raison aura-t-il la complainte quand son titre émane du propriétaire du fonds servant ou de ses auteurs.

Quant aux servitudes négatives non apparentes, comme celles de ne pas bâtir, nous croyons qu'elles ne peuvent être l'objet ni de la prescription, ni de l'action possessoire. Pour prescrire, il faut posséder publiquement à titre non équivoque. Une servitude non apparente n'existe pas au point de vue des faits à apprécier. Or, pour décider une question possessoire, il faut au juge de paix des faits matériels, palpables, caractérisés de possession. Il ne doit qu'à ceux-là la protection de la loi.

Les droits de chasse et de pêche ne sont pas des servitudes prédiales, car ils ne sont pas établis pour l'utilité d'un fonds, et il y aurait abus de langage à les comprendre sous le nom d'usage. L'usage n'est dans notre droit civil que le droit réel immobilier de percevoir les fruits *ad quotidianam usuarii utilitatem.* Ce sont de purs droits personnels de la même nature que ceux qui résultent du louage, et ils ne pourraient être établis valablement à perpétuité parce qu'ils rentreraient alors dans ces sortes de droits féodaux que le Code a voulu proscrire quand il a défendu, dans l'art. 686, de constituer des servitudes en faveur de la personne. — L'action possessoire leur est donc inapplicable.

Cette conclusion si évidente a pourtant été méconnue en ce qui concerne le droit de pêche. L'art. 2 de la loi du 15 avril 1829 sur la pêche fluviale accorde à chaque riverain le droit de pêche jusqu'au milieu du cours d'eau, en ajoutant *sauf les droits contraires établis par possession ou par titre*. Pour expliquer ce passage, M. Proudhon s'est cru obligé de reconnaître que le droit de pêche était prescriptible. Mais que de principes de droits ne peut-on pas invoquer pour repousser une pareille conséquence? Nos lois ne reconnaissent comme prescriptibles que les droits réels immobiliers, c'est-à-dire la propriété et les servitudes. Le droit de pêche, nous l'avons dit, n'est pas une servitude. A supposer que ce droit fût une servitude, cette servitude ne serait-elle pas négative et non apparente? Ne manquerait-elle pas de toutes les conditions de publicité requises pour voir dans son exercice une possession utile? Enfin pêcher sur autrui est un délit aux termes de l'art. 5 de cette même loi, et c'est bien pêcher sur autrui que de pêcher au de là du milieu de la rivière, là où l'on n'a plus droit de pêcher et où un autre a seul ce droit. Le caractère du délit ne peut être effacé par la circonstance qu'il a été commis par un riverain et non par un étranger. Il y a donc là une possession délictueuse qui ne saurait servir de fondement à l'action possessoire.

L'art. 2 de la loi de 1829 n'a pas le sens qu'on

veut lui donner; il parle non pas de la possession du droit de pêche, mais de la possession du cours d'eau lui-même, possession qui peut très-bien conduire à la prescription, à la propriété du cours d'eau et par suite à l'acquisition du droit de pêche qui en est la conséquence (Troplong, Prescrip. 1, n° 203 ; Garnier, page 414 ; Belime, n° 265).

Le droit de pâture est une véritable servitude, il est établi sur un fonds et au profit d'un fonds, car si la pâture n'est pas directement utile au fonds lui-même, elle tourne toujours en dernière analyse à l'avantage de ce fonds, elle permet d'élever, de nourrir des bestiaux sans lesquels ce fonds resterait inculte.

Suivant Henrion de Pansey (Comp. des jug. de P. Ch. 43, § 5), la complainte est bien recevable pour la *vive* ou *grasse* pâture qui consiste à faire consommer par les bestiaux les fruits susceptibles d'être récoltés, conservés et vendus ; mais elle cesse de l'être pour la *vaine* pâture qui s'exerce sur les terres *hermes* et en *pleins charmes*, c'est-à-dire sur les terres laissées sans labour et en friche.

Le motif de la distinction est puisé dans l'article 648 du C. N. Le propriétaire, dit-on, peut, par la clôture, soustraire son terrain à la vaine pâture, c'est donc que la vaine pâture n'est pas un droit. Un droit ne disparaît pas ainsi, son existence donne toujours, à celui au profit de qui il existe, la faculté de contraindre les autres à le respecter. Ce qu'un autre peut à son gré souffrir ou ne pas souffrir, n'est de sa part qu'une pure affaire de tolérance et sur ce fait de tolérance on ne peut pas fonder une possession utile. La vaine pâture, ajoute-t-on, n'est que le résultat d'une convention originaire entre les habitants de la commune. Le droit qui est résulté de cette convention est un droit personnel de la même nature que celui qui naît de tout contrat de société. Dès lors on ne saurait comprendre comment le maire d'une commune pourrait être recevable à intenter la complainte contre le propriétaire qui repousserait le troupeau commun bien qu'il ne fût pas clos.

Nous répondons que c'est une idée très-fausse que de regarder le droit de vaine pâture comme étant de pure tolérance ; sans doute le propriétaire asservi peut s'en affranchir, mais seulement sous certaines conditions, sous la condition de se mettre en état de clôture. Jusque là son héritage reste affecté d'un droit qui n'est nullement précaire, et qui constitue une véritable servitude prédiale. D'abord la loi donne le nom de servitude à ce droit de vaine pâture, puisqu'elle le range sous la rubrique des servitudes, ensuite il en a tous les caractères essentiels, il est établi sur un fonds et pour l'utilité d'un fonds. Un habitant de la commune vend l'héritage qu'il possédait depuis quarante et cinquante ans, et aussitôt il perd son droit à la vaine pâture, droit qui passe au nouvel acquéreur. Que reste-t-il donc pour appuyer le système de M. Henrion de Pansey ? Cette supposition toute gratuite que la vaine pâture est le résultat d'une espèce de petit contrat social, d'un contrat communal, mais en admettant qu'elle fut vraie, il ne s'en suivrait pas que la vaine pâture ne fût pas une servitude, puisque les servitudes peuvent s'établir par convention (Belime, n° 269; Troplong, t. 1, p. 385; Garnier, p. 397).

Les droits d'usage dans les forêts, donnent aux communes ou aux particuliers le droit, soit de se faire délivrer annuellement une certaine quantité de bois de chauffage ou de construction, soit de faire paître des bestiaux dans la forêt, soit simplement de réclamer certains menus produits, comme le bois mort.

Le fait de l'usager de se mettre en possession sans délivrance préalable, constitue un délit aux termes des art. 79, 90 et 120 du Code forest. Ce n'est donc que quand la délivrance a été régulièrement faite, que l'on peut demander si l'usager qui a joui pendant la dernière année, peut intenter la complainte.

Personne ne lui conteste ce droit quand il a un titre. Mais que doit-on décider en l'absence de titre.

La question dépend entièrement du point de savoir qu'elle est la nature du droit d'usage dans les bois : Est-ce un droit d'usage, une servitude personnelle, une dérivation de l'usufruit? Il y a lieu à la complainte même en l'absence du titre. — Est-ce au contraire une servitude prédiale discontinue? Il n'y a lieu à la complainte que s'il y a titre. — En faveur de la première opinion, on fait remarquer que ces droits existent au profit de la personne, puisqu'ils tendent à faire attribuer à l'usager une part des fruits du fonds.— On rappelle que les coutumes traitaient presque toutes des servitudes prédiales et de l'usage dans les forêts sous des titres distincts, on ajoute que le code a parlé des droits d'usage dans les bois sous la rubrique de l'usage. — En faveur de la seconde opinion, on répond que c'est presque toujours au profit d'une commune ou de ses habitants, c'est-à-dire d'un territoire que les droits d'usage sont établis, — que la preuve en est dans la perte pour les usagers de leurs droits d'usage dès qu'ils quittent la commune, — que l'usufruit et les droits qui en dérivent sont essentiellement viagers, tandis que les droits d'usage sont perpétuels. — C'est là l'opinion que nous croyons devoir adopter ; nous considérons donc les droits d'usage dans les forêts comme des servitudes prédiales discontinues susceptibles de l'action possessoire quand la possession sera corroborée par un titre. Après une année de possession régulière, les usagers auront la complainte et réciproquement, après une année de non exercice de l'usage, elle appartiendra au propriétaire de la forêt pour se faire maintenir dans la libre possession de son fonds.

Quant au droit d'usage dans les forêts de l'État, la question de savoir s'il y a lieu à la complainte, en l'absence de titre, ne peut pas naître, puisque, d'après l'art. 61 du Code forestier, ceux-là seuls sont admis à exercer un droit d'usage dans les forêts de l'État qui, au jour de la promulgation de ce code, auraient un titre de concession ou un jugement définitif, ou qui auraient, dans les deux années à dater de sa promulgation, intenté une action judiciaire pour faire reconnaître leur droit.

Mais, une fois qu'il y a titre, la posession de ces droits d'usage nous semble susceptible d'être l'objet de la complainte. Sans doute, les droits d'usage dans les bois de l'État ne peuvent pas s'acquérir par prescription, mais la nature de la possession n'est pas la cause de cette imprescriptibilité.

SECTION II.

Des meubles.

Le droit romain protégeait la propriété et la possession des choses mobilières : la propriété, par une action en revendication qui permettait de suivre entre les mains des tiers le meuble dont on avait été privé; la possession, par un interdit *retinendæ possessionis*, l'interdit *utrubi,* donné au temps de la jurisprudence classique, à celui qui avait possédé un meuble pendant la majeure partie de l'année écoulée, *nec vi, nec clam, nec precario ab adversario.*

Dans le droit français du xiv° siècle, lorsque le mot *saisine,* étendant son acception, a cessé d'appartenir au droit féodal, qu'il a pris la signification de possession juridique, et que cette possession peut être acquise par simple laps de temps, nous voyons la saisine s'appliquer aux meubles comme aux immeubles. Beaumanoir, dans les § 22, 23, 24, chap. 32, des coutumes de Beauvoisis, des décisions rapportées dans les *Olim* (t. 1, p. 207, vi. — t. 1, p. 320, vii. — t. 1, p. 8, xvi), ne peuvent laisser aucun doute à cet égard. On peut, comme dit Boutheillier (*Somme rurale,* ch. 31) « asseoir complainte de nouvelleté, « soit sur choses mobilières, personnelles, réelles, « spirituelles, corporelles, puisqu'on aurait pos- « session acquise par temps suffisant. » C'était là sans doute un fait dû à l'influence du droit romain à cette époque ; l'analogie qu'on cherchait à établir entre la complainte et les interdits peut très-bien nous l'expliquer. — Mais bientôt les idées de la féodalité qui rapportait tout à la terre, ces idées qui se traduisent dans cette maxime, pour ainsi dire d'origine germaine, *vilis mobilium possessio,* réagissent contre cet état de choses. Le droit nouveau est modifié, puis disparaît. L'auteur du Grand Coutumier (liv. 2, ch. 29), enseigne déjà que la règle avait été restreinte aux meubles compris dans une universalité de choses ou dans le ressort d'une justice étrangère. — Et Charondas, regardant cette révolution juridique comme accomplie, écrit dans ses notes sur Boutheillier : « Le cas de saisine et de nouvelleté « compète pour choses immeubles et non pour meu- « bles. » — C'était donc un fait depuis longtemps acquis en France, que Ferrière exprimait quand il disait, sur l'art. 97 de la coutume de Paris : « On ne

« fait pas deux instances séparées pour les choses
«' mobilières, l'une pour la possession, l'autre pour
« la propriété. L'interdit *utrubi* est abrogé en
« France. » —Toutefois, n'exagérons rien : ce n'était
là que le principe général du droit coutumier. Il y
avait des coutumes qui ne l'admettaient pas, par
exemple, la coutume de Normandie (art. 55), et,
dans les coutumes mêmes qui l'admettaient, on
trouve des exceptions. — La complainte continue
d'être admise pour les reliques des saints ; Denizart
enseigne encore qu'elle est recevable pour un meuble
lorsqu'il a été enlevé par violence ou voie de fait.
—L'ordonnance de 1667 la consacre expressément
pour une universalité de meubles ; Duplessis enseigne
que cela était ainsi parce qu'une universalité de
meubles *sapit quid immobile*. —Disons, ce qui sera
plus vrai, que cela était ainsi parce que les réformes
qui s'opèrent par la coutume procèdent toujours par
degrés, et qu'une idée, une fois enracinée dans une
législation coutumière, n'en disparaît jamais sans y
laisser quelques traces.

La revendication des meubles était de droit commun. « Pour simples meubles, dit Loysel, on ne peut
intenter complainte, mais en iceux échet aveu et contre adveu. » Cet *adveu* avait un point commun avec
les actions possessoires, la procédure d'*applégement*
(Ducange, gloss. V. *advocare*). Au temps de Charondas,
il était complétement tombé en désuétude au Châtelet
de Paris, mais il se maintenait dans certaines coutu-

mes de l'Ouest, dans celle d'Anjou (art. 420), — du Maine (art. 435), — de Touraine (art. 470). — Quant à la revendication des meubles elle-même elle finit par disparaître, grâce à l'introduction dans notre droit d'un principe nouveau, l'acquisition instantanée des meubles par la possession. Du moment que l'action possessoire ne s'appliqua plus aux meubles, la prescription seule put consolider les acquisitions de meubles. A cette prescription on appliqua d'abord les règles de l'usucapion romaine. On exigea trois ans et un juste titre de possession. — Mais s'il est juste d'exiger un titre pour les immeubles, il n'en est pas de même pour les meubles dont l'acquisition ne se constate pas par des actes. La jurisprudence française admit donc qu'en fait de meubles possession valait titre, c'est-à-dire, dispensait celui qui invoquait la prescription de présenter un titre. — Puis bientôt ce temps de prescription qu'on exigeait encore, finit par disparaître, il n'y eut plus besoin de prescription ; la possession rendit propriétaire instantanément. — Les usages du commerce, les besoins de la circulation des meubles avaient introduits en Allemagne et dans les villes commerciales du Nord cette règle qu'on devient immédiatement propriétaire d'un meuble par cela seul qu'on l'a acquis de bonne foi. La jurisprudence du Châtelet de Paris l'adopta et la maxime *en fait de meubles possession vaut titre* détournée de son sens primitif exprima ce nouvel état du droit (Bourjon, *Droit commun*, t. I, p. 1094).

Dans notre droit actuel il est universellement reconnu que l'action possessoire ne s'applique pas aux meubles individuels. Aux raisons générales de l'ancien droit qui faisaient repousser l'application de l'action possessoire aux meubles, l'art. 2279 du Code Nap. est venu ajouter une nouvelle et péremptoire raison. Il n'y a plus seulement à dire que la possession des meubles est chose vile, que les meubles ne méritent pas qu'on organise pour eux deux degrés de juridiction, il y a à dire que, du moment qu'on a refusé au propriétaire lui-même le droit de poursuivre sa chose entre les mains d'un tiers, par *a fortiori* on a entendu le refuser au simple possesseur.

De tels principes du reste, sont parfaitement fondés en législation. La possession annale d'un meuble n'eût pas été chose facile à établir.

M. Bigot-Préameneu, justifiant l'art. 2279, disait: « Il est le plus souvent impossible de constater l'i-« dentité des choses mobilières et de les suivre dans « leur circulation de main en main. Il faut éviter des « procédures qui seraient sans nombre, et qui, le « plus souvent, excéderaient la valeur des objets de « la contestation. » (Fénet, t. 15, p. 600.)

Au principe posé que les meubles ne peuvent être l'objet de l'action possessoire, nous croyons qu'il n'y a pas à faire d'exception pour le cas de perte ou de vol, cas auquel l'art. 2279 permet exceptionnellement la revendication.

D'abord subsiste la crainte de faire des frais frustratoires en établissant, pour des meubles d'une mince valeur, les deux degrés du possessoire et du pétitoire.

Puis, quelle serait l'utilité de cette action possessoire?

Il n'y a pas de bonnes raisons de la donner au propriétaire, car souvent il y aurait plus de difficultés pour lui dans l'exercice de la complainte que dans celui de la revendication : dans la revendication, pour prouver sa propriété, il n'a qu'à prouver sa possession *ex justa causa*, et par cela seul qu'il a perdu l'objet, que l'objet lui a été volé, il sera admis à le suivre en main tierce ; il n'aura pas besoin de prouver, comme dans la complainte, qu'il avait une possession réunissant les conditions exigées par l'art. 23 du Code de procédure.

Il n'y a pas plus de raisons de la donner au tiers possesseur contre le propriétaire revendiquant. Un tiers possesseur d'un meuble est troublé ou dépouillé par le propriétaire; donnons-lui l'action possessoire : le propriétaire, devenu demandeur au pétitoire, sera tenu de prouver son titre de propriété, puis le fait de vol qui lui en conserve pendant trois ans l'efficacité contre les tiers. Refusons-lui l'action possessoire, laissons le propriétaire en possession, la position des parties sera la même au point de vue des preuves à fournir au procès. Quoique défendeur au pétitoire, le propriétaire sera obligé de prouver et son droit de propriété et le fait de vol. En effet, sa nouvelle possession vicieuse ne lui permet pas d'invoquer l'art. 2279. Son adversaire tire, au contraire, du même article, une présomption de propriété. Pour la combattre, il faudra donc que le propriétaire établisse à son profit l'existence des conditions formulées dans le second paragraphe de l'article, qu'il prouve, comme toute partie qui invoque une disposition exceptionnelle, qu'il est dans le cas de l'exception, c'est-à-dire qu'il prouve et sa propriété et le fait de vol. — Nous arrivons donc au même résultat, que nous donnions ou que nous refusions l'action possessoire.

Une question très-controversée en théorie, car elle ne s'est jamais présentée en pratique, est celle de savoir si l'action possessoire, inapplicable aux meubles pris individuellement, ne s'applique pas aux universalités de meubles.

Dans notre ancien droit, l'intérêt de la question était bien plus grand qu'aujourd'hui. Il y avait alors, en effet, un grand nombre de cas dans lesquels les meubles étaient dévolus à une classe d'héritiers et les immeubles à une autre classe (Bourjon. Dr. com. t. 1, p. 109. — Dict. de Deferrières. — Meubles et succ., lég. selon le dr. cout.). — Dans notre droit actuel, pour que la question puisse se présenter, il faut supposer un legs universel ou à titre universel de meubles ou une succession purement mobilière. Encore est-il bien clair que la complainte ne pourra servir au légataire des meubles à poursuivre en mains tierces quelques objets mobiliers qui auraient pu être détournés. Il ne s'agirait plus alors d'une universalité de meubles. Pour la question il faut donc encore supposer un trouble non pas de fait mais de droit. Ce sera, par exemple, un tiers qui prenant, lui aussi, la qualité de légataire universel, se mettra à poursuivre les débiteurs de la succession. Aurai-je alors la complainte contre lui?

Nous le croyons : la coutume de Paris l'admettait formellement dans son article 97. Une disposition semblable existait dans la coutume d'Orléans. L'art. 1 du titre 18 de l'ordonnance de 1667 consacrait cette exception au principe. Pothier (Traité de la proc. civ., ch. 3, art. 1, § 2), Bourjon (Dr. com. t. 2, p. 212), attestent son existence dans toute notre ancienne jurisprudence. — Le Code de procédure n'a pas déterminé les choses qui peuvent être l'objet des actions possessoires. Rien dans les textes ne semble empêcher qu'on s'en réfère sous ce rapport à l'ancien droit. Il nous semble que nous sommes fondés à dire à nos adversaires : avant le Code, la règle est que l'action possessoire ne s'applique pas aux meubles individuels, mais qu'elle s'applique aux universalités de meubles : prouvez-nous que nos lois ont voulu déroger aux anciens principes.

Pour le soutenir on a longtemps argumenté de l'art. 2279, mais il n'a rien à faire à la question, puisque le principe énoncé par cet article se conciliait

dans notre ancien droit avec l'application de la complainte aux universalités de meubles, puisque le motif donné pour justifier cet article est l'impossibilité de se procurer un titre de propriété, motif qui ne s'applique pas évidemment aux universalités de meubles, dont les mutations se constatent par écrit. « S'il s'a-
« gissait d'une universalité de meubles telle qu'elle
« échoit à un héritier, disait Bigot-Préameneu, le titre
« universel se conservera par les *actions* qui lui sont
« propres. » N'y a-t-il pas dans ces paroles plus que la condamnation de l'argument de nos adversaires? N'y a-t-il pas une allusion évidente à l'action spéciale de complainte pour universalité de meubles, action par laquelle sous l'ancien droit se conservait ce titre d'héritier?

On invoque l'art. 1041 du Code de procéd. qui abroge toutes les lois et usages anciens relatifs à la procédure civile. — Mais la question que nous traitons est-elle une question de procédure?

On parle du peu de fondement de cette dérogation à une règle générale. Duplessis a dit quelle était fondée sur ce qu'une universalité de meubles *sent l'immeuble, sapit quid immobile.* — Et on se récrie sur le peu de valeur du motif allégué. Sans doute considérée en elle-même, la raison n'est pas concluante, et il est vrai de dire avec M. Belime qu'à juger la valeur intrinsèque des choses, il y a tel bijou de femme qui vaut à lui seul plus que dix successions mobilières. — Mais d'abord le législateur peut-il peser ainsi chaque chose en détail? Ne fait-il pas, n'est-il pas obligé de faire des lois à des points de vue généraux, en statuant sur ce que nous appelons le *plerumque fit?* Et dès lors n'est-il pas certain que beaucoup d'objets mobiliers doivent être réputés avoir plus de valeur, plus d'importance qu'un seul objet. — Ensuite si le peu de valeur du motif invoqué prouvait l'inexistence de la règle, il faudrait donc dire qu'elle n'a jamais existé, qu'elle n'existait pas sous l'empire de l'ordonnance de 1667 qui la consacrait en termes formels? Alors pas plus qu'aujourd'hui, l'exception n'avait de bonnes raisons d'être et Bourjon avait le droit de dire : « *Je n'y vois pas de base; c'est vain examen,* « *vaine curiosité plus que réalité que cette décision.*» Il le disait mais son jugement sur les motifs de la règle ne l'empêchait pas d'en enseigner l'existence (*Droit com.* t. 2. p. 512, n° 26, p. 212), On parle des embarras que suscitera l'application de la complainte aux universalités de meubles, de la difficulté pour le juge de paix d'apprécier des troubles de fait commis sur des meubles *épars sur toute la surface de la France; —* de la difficulté, après la constatation de ces troubles, de décider si tel objet particulier fait ou ne fait pas partie de l'universalité.

Ces difficultés sont réelles et nous ne les nions pas; mais elles existaient dans l'ancien droit et elles n'a_ vaient pas arrêté le législateur. Quand on fait du droit, il n'est pas toujours permis de conclure de ce qui devrait être à ce qui est.

Les seuls arguments de droit qu'on puisse faire valoir pour la négative sont ceux qu'on tire de la loi de 1790 et de l'art. 3 du Code de procédure. L'art. 10 de la loi de 1790 et l'art. 3 du Code de procédure s'occupent des actions possessoires et donnent comme exemples d'actions de ce genre les déplacements de bornes, les usurpations de terre, etc., c'est-à-dire, des cas purement immobiliers. — L'art. 3 dit que l'action possessoire doit être portée devant le juge de la situation de l'objet litigieux. — Tout cela ne semble-t-il pas indiquer que dans l'esprit de la loi, les actions possessoires ne peuvent s'appliquer qu'aux immeubles?

Cette argumentation ne suffit pas pour nous convaincre. Après avoir cité des immeubles comme objets des actions possessoires, l'art 10 de la loi de 1790 et le 2° de l'art. 3 du Code de procédure ajoutent que le juge de paix est compétent pour *toutes autres actions possessoires*. Pour interpréter ces mots n'est-il pas naturel de se référer à la jurisprudence, aux dispositions légales, aux doctrines antérieures? — Quand la loi de 1790, dont l'art. 3 du Code n'est que la reproduction, déclarait les juges de paix compétents pour toutes les actions possessoires sans en donner de définition, n'entendait-elle pas parler de toutes les actions qui à ce moment et depuis des siècles, étaient réputées actions possessoires? Or, à cette époque, les auteurs, les coutumes, l'ordonnance, tous s'unissaient à reconnaître que les actions possessoires inadmissibles pour les meubles particuliers étaient parfaitement applicables aux universalités de meubles.

A l'objection tirée de l'art. 3, qui veut que l'action possessoire soit jugée par le juge de la situation de l'objet litigieux, nous répondrons que, dans notre opinion, le vœu de la loi sera satisfait. L'objet litigieux est, dans l'espèce, l'universalité des meubles ; le siége de l'universalité est au domicile du défunt ; le juge de ce domicile sera donc le juge de la situation de l'objet litigieux ; il sera donc compétent, aux termes de l'art. 3.

Nous nous expliquons du reste très-bien le silence du Code de procédure sur une question de compétence relative à une action réelle mobilière comme celle dont nous soutenons l'existence. A-t-il dit, dans l'art. 2, un mot des actions personnelles immobilières ? Les codes ne se font pas sans lacunes, et les cas qui ne se présentent qu'exceptionnellement sont souvent oubliés du législateur, préoccupé avant tout de pourvoir aux besoins de la pratique de chaque jour.

CHAPITRE IV.

De la procédure des Actions possessoires.

D'après l'art. 3-2° du Code de procédure civile, les actions possessoires doivent être portées devant le juge de paix de la situation de l'objet litigieux. — La procédure des actions possessoires est la même

que celle des autres actions de la compétence du juge
de paix. — Cependant, nous devons insister sur certains points qui sont particuliers aux matières possessoires, et qui méritent spécialement d'attirer l'attention, ce sont : 1° la capacité nécessaire pour
plaider au possessoire ; 2° l'annalité de l'exercice de
l'action ; 3° la prohibition de cumuler le possessoire
et le pétitoire ; 4° la preuve en matière possessoire ;
5° l'effet des jugements rendus sur la possession.

SECTION PREMIÈRE.

Des personnes qui peuvent intenter une action possessoire.

Pour intenter une action, il faut avoir d'abord la
jouissance de cette action, c'est-à-dire l'aptitude
légale à son acquisition, et, en second lieu, l'exercice de cette action, c'est-à-dire la faculté de faire
les actes nécessaires pour la mise en œuvre de cette
aptitude. — Du reste, l'exercice des droits dont une
personne a la jouissance peut généralement être dé-
légué à un mandataire qui la représente.

Nous pouvons poser en règle générale que tous
ceux qui ont la possession juridique d'un droit réel
immobilier ont la jouissance de l'action possessoire.

Nous avons donc traité tout ce qui touche la
jouissance de cette action, en étudiant les différents
caractères de la possession légale et en recherchant

les objets auxquels elle pouvait s'appliquer. — Il ne nous reste plus, dans cette section, qu'à nous demander quelle est la capacité requise pour l'exercice de l'action possessoire.

L'exercice de l'action possessoire est un acte d'administration. Administrer une chose, c'est, avant tout, surveiller son intégrité, repousser les usurpations commises contre elle. L'action possessoire a essentiellement ce but conservatoire. Elle maintient le *statu quo* : elle réprime les attentats contre la propriété. — Sans doute, on peut dire qu'un procès mal intenté au possessoire peut compromettre le sort de la propriété elle-même ; mais le sort de cette propriété ne serait-il pas bien plus sûrement compromis, si on laissait l'adversaire acquérir tranquillement le bénéfice de la possession annale ? La question, du reste, ne peut faire l'objet d'aucun doute, en présence des art. 1428 et 1988 du Code Nap. — Dans l'art. 1428, on pose en principe que le mari, sous le régime de la communauté, *administre* les biens personnels de sa femme, et on en tire immédiatement cette conséquence, qu'*il peut exercer seul toutes les actions possessoires appartenant à la femme.* — Dans l'art. 1988, on nous dit que le mandat, conçu en termes généraux, n'embrasse que les actes d'administration, et on ajoute : « *S'il s'agit d'aliéner ou hypothéquer, ou de quelque autre acte de propriété, le mandat doit être exprès.* » Il n'y a donc que les aliénations et les constitutions d'hypo-

thèques qui soient en dehors des actes d'administration. Le droit d'intenter la complainte rentre donc
dans les pouvoirs de mandataire général, dans les
pouvoirs d'administration, puisqu'il est impossible
de voir un acte d'aliénation dans l'exercice d'une
action qui n'a précisément d'autre but que de conserver l'état de choses existant. — Notre code a donc
admis cette règle déjà proclamée par Pothier (*Du
mandat*, n° 150), que le pouvoir d'administrer emporte celui d'agir au possessoire.

L'exercice de l'action possessoire, pas plus que
celui des autres actions, ne peut appartenir au mineur
et à l'interdit; il appartiendra, pour le mineur, au
père administrateur ou au tuteur; pour l'interdit, au
tuteur. — Aux termes de l'art. 450, le tuteur administre les biens du mineur et le représente dans tous
les actes de la vie civile; mais, en général, le tuteur
a besoin, pour agir au nom du mineur, d'être autorisé par le conseil de famille. Cette autorisation est-
elle nécessaire quand il s'agit de l'action possessoire?

M. Carré a soutenu l'affirmative en se fondant sur
l'art. 464, et, si l'on doit prendre cet article à la
lettre, il a certainement raison; le tuteur ne peut,
sans autorisation, introduire en justice une action
relative aux droits immobiliers du pupille; le droit
de possession est un droit réel immobilier; donc, le
tuteur ne pourra l'intenter sans autorisation. En
bonne logique, le syllogisme est sans réplique.

Nous en repoussons la conséquence au nom de l'esprit de la loi. Le tuteur a l'administration des biens du pupille; il est par le seul fait de la loi mandataire général du mineur confié à ses soins. Il a même plus de droits qu'un mandataire général ordinaire, puisqu'il peut seul répondre à une demande en partage formée par un tiers (Art. 466 C. N.), ce qui excéderait sans doute les pouvoirs d'un procureur fondé. Comment concevoir que la loi ait eu dans l'art. 464 l'intention qu'on lui prête? Elle n'a entendu évidemment parler que des actions ordinaires en revendication qui concernent le fond du droit. Dans nos lois, l'action possessoire est considérée plutôt comme un acte conservatoire, que comme une action. M. Duveyrier dans le rapport qu'il faisait au nom de la section de législation, disait sur l'art. 1545 du C. N. : « Le mari a l'administration des biens dotaux, c'est « à lui qu'appartient en conséquence toutes les actions « possessoires et conservatrices. » — La loi du 18 juillet 1837 sur l'administration municipale nous dit que le maire qui ne peut, sans autorisation du conseil de préfecture, former aucune action ni y défendre, peut sans autorisation, intenter toute action possessoire, et faire tous autres actes conservatoires, c'est là, suivant nous, le caractère légal de l'action possessoire dans notre droit. On le lui assigne dans une loi de beaucoup postérieure au Code de procédure. Mais il y a des idées qui sans être écrites formellement nulle part, sont partout dans une législation. Nous croyons que celle-là est du nombre, et volontiers nous dirions avec Domat: « Si les lois, où il se trouve quelque « doute, ou quelque autre difficulté, ont quelque « rapport à d'autres lois qui puissent en éclaircir le « sens, il faut préférer à toute interprétation, celle « dont les autres lois donnent l'ouverture. » (Lois civ., liv. 1, t. 1, sect. 2, n° 17.)

Le mineur émancipé est capable de tous les actes d'administration. Il intentera donc l'action possessoire sans l'assistance de son curateur. — Mais la personne pourvue d'un conseil judiciaire ne pourra agir au possessoire sans l'assistance de ce conseil, car il lui est défendu de plaider (513 C. Nap.).

Sous le régime de communauté, le mari est administrateur des biens de la communauté et de ceux de sa femme; il agira donc au possessoire au nom de sa femme et au nom de la communauté (art. 1428, C. Nap.; art. 233 de la cout. de Paris.). — Sous le régime sans communauté, le mari conserve l'administration des immeubles de la femme (art. 1531, C. Nap.); il conserve donc l'exercice de ses actions. — Sous le régime dotal, l'action possessoire sera intentée par le mari pour les biens dotaux, et par la femme elle-même autorisée de son mari ou de justice, pour les biens paraphernaux (1549, 1576, C. Nap.). — Lorsqu'il y a séparation de biens, la femme a l'administration de son patrimoine, elle exerce donc elle-même ses actions possessoires, après avoir obtenu l'autorisation maritale qui lui est nécessaire pour ester en justice.

Toujours par suite de cette règle que le pouvoir d'administration comprend le pouvoir d'agir au possessoire, nous déciderons que l'action possessoire peut être exercée par l'administrateur nommé aux termes de l'art. 112 du C. Nap. pour gérer les biens d'un absent; par les envoyés en possession provisoire (art. 125 C. Nap.); par l'héritier bénéficiaire, et le curateur à succession vacante pour les biens de la succession; — pour les biens dépendant d'une société civile par celui qui a été chargé d'administrer, et si rien n'a été stipulé à ce sujet, par chacun des associés, la règle étant que chacun peut faire des actes d'administration, sauf aux autres à s'opposer préventivement à ce qu'ils croiraient contraire à leurs droits (1856 C. Nap.); — Pour les biens dépendant d'une société commerciale, si elle est en nom collectif ou en commandite, par l'un des sociétaires en nom dans la raison sociale; si elle est anonyme, par le gérant chargé d'administrer (C. com. art. 20-23 à 27-31.).

La faillite dessaisissant le failli de l'administration de ses biens (443 C. com.), il n'a plus qualité pour exercer les actions possessoires; ces actions seront exercées par les syndics chargés de faire tous actes pour la conservation des droits du failli (490 C. com.).

Le débiteur saisi immobilièrement est dépouillé d'une partie de ses droits sur la chose saisie (683-686, C. proc. civ.); mais il n'en conserve pas moins encore la possession de cette chose, et nous pensons qu'il peut, à raison de cette même chose, intenter l'action possessoire ou y défendre. Toutefois, ces actions possessoires, comme toutes celles qui ne sont pas attachées à la personne, pourront être intentées par tous les créanciers de ce débiteur, en vertu du droit qu'ils ont d'après l'art. 1166 C. N., d'exercer tous les droits de leur débiteur.

C'est d'après ce principe que le fermier ou le locataire, incapable par lui-même d'intenter la complainte, pourra se faire autoriser à l'intenter, comme créancier du bailleur.

L'héritier qui n'a pas encore accepté, peut intenter la complainte, sans qu'on puisse voir là de sa part un acte de maître emportant acceptation : l'exercice de cette action, n'est, comme nous l'avons dit, qu'un acte conservatoire. Il faut seulement qu'il ait soin de ne pas prendre la qualité d'héritier dans la citation (778-779 C. N.).

L'héritier légitime (724 C. N.) , et le légataire universel, quand il a la saisine (1004 C. N.), peuvent agir au possessoire, sans prendre possession de l'hérédité, et sans demander aucune délivrance ; il n'en est pas de même des successeurs irréguliers, légataires à titre particulier et à titre universel. Ils n'ont la possession légale et par conséquent d'action en complainte, que du jour où ils ont obtenu la délivrance (770-773-1011-1014 C. N.).

Les actions possessoires relatives au domaine de l'Etat, seront exercées par le préfet du département; c'est également lui qui exercera les actions qui touclient aux biens du département ; et sans qu'il soit besoin de délibération préalable du Conseil général, ni d'autorisation du Conseil d'Etat. S'il arrivait que le litige existât entre l'Etat et le département, le préfet continuerait à représenter l'Etat et l'action au nom du département serait alors soutenue ou exercée par le conseiller de préfecture le plus ancien en fonctions (Art. 36, 1. 10 mai 1838).

La loi du 18 juillet 1837 sur l'administration municipale décide, dans son art. 55, que le maire peut, sans autorisation préalable, intenter toute action possessoire intéressant la commune. — Nous ne croyons pas que la dispense d'autorisation doive s'étendre au cas d'appel, il n'y a plus le même motif d'urgence. D'ailleurs, la loi n'exempte le maire de la formalité d'autorisation, que quand il s'agit d'intenter une action possessoire, et dans le langage du droit, on ne dit pas que celui qui tranche appel intente une action.

Les adversaires des communes et des départements sont dispensés, quand il s'agit d'un simple procès au possessoire, de l'obligation d'adresser préalablement au préfet un mémoire exposant les motifs de leur réclamation, comme ils doivent le faire pour toutes les autres actions (art. 37, 1. du 10 mai 1838 ;—art. 55, 1. du 18 juillet 1837).

Tout contribuable inscrit au rôle de la commune a même le droit d'exercer à ses frais et risques, avec l'autorisation du conseil de préfecture, les actions qu'il croirait appartenir à la commune et que celle-ci refuserait d'exercer ; mais il n'y a plus ici de dispense d'autorisation préalable ; la loi ne l'autorise pas, et nous sommes dans une matière toute d'exception.

En ce qui regarde les biens des établissements publics, hospices, fabriques, etc., les actions possessoires ainsi que toutes autres actions doivent être intentées pour ou contre leurs administrateurs, conformément à l'art. 69, n° 3, du C. de procéd.

SECTION II.

De l'annalité de l'action.

Non seulement il faut avoir la possession annale pour agir au possessoire, mais il faut encore que l'action soit formée dans l'année du trouble ou de la spoliation. Après l'année, le possesseur est déchu de son action (art. 23, C. de procéd.).

Le motif qui a inspiré le législateur est, d'une part, l'impossibilité qu'il y aurait pour le juge de paix à apprécier des faits de trouble et de spoliation remontant à un temps plus reculé, et d'un autre côté le peu d'intérêt que mérite le possesseur qui a passé l'année sans se plaindre.

Sous le premier point de vue, supposons une série de dix, douze usurpateurs qui se succèdent dans la possession d'un fonds, sans qu'aucun d'eux parvienne jamais à la possession annale ; ce sont, par exemple, douze usurpateurs qui ont possédé chacun dix mois.

Concevrait-on qu'après dix ans, le juge de paix eût à écouter quelqu'un qui prétendrait avoir eu la possession juridique dans l'année qui a précédé toutes ces usurpations? L'appréciation de tels faits de dépossession, ne serait-elle pas pleine de difficultés et d'incertitudes?

Sous le second rapport, n'est-ce pas sagesse de la part de la loi, que d'attacher à la possession seulement des effets de droit temporaires? L'atteinte portée à la possession est un trouble ou une spoliation : si c'est un trouble, et que vous ne vous soyez pas plaint dans l'année, c'est que ce trouble est un fait sans importance, sans conséquences et dont la non-réitération de la part de l'agresseur vous a suffisamment démontré qu'on n'élevait aucune prétention à la possession. S'il s'agit d'une spoliation, vous montrez en ne réagissant pas immédiatement contre la violence, que vous reconnaissez comme fondés les droits de votre adversaire. Votre silence pendant toute une année vous condamne, et la loi n'a pas besoin de protéger plus longtemps une possession que vous ne défendez pas.

Enfin, dans le cas de dépossession, il arrivera bien souvent que le jour de la perte de la possession pour l'une des parties, aura été le jour de l'acquisition de la possession pour l'autre partie, de telle sorte que si l'ancien possesseur n'a pas agi dans l'année du trouble, le second possesseur aura acquis la possession et le droit à la protection de la loi. C'est donc à lui qu'appartiendra désormais la complainte, bien loin qu'on puisse l'attaquer par cette action.

L'origine historique de l'annalité de l'action possessoire n'est pas moins obscure que celle de l'annalité de la possession.

Le délai d'un an n'a été adopté qu'après de nombreux tâtonnements. — Les Assises de Jérusalem donnent pour exercer l'action un délai de quarante jours, très-commun dans le droit féodal. — Le délai d'une année apparaît dans l'ancien coutumier de Normandie et enfin dans Beaumanoir, à partir duquel il paraît avoir définitivement triomphé. « *Qui veut plaindre de novele dessaisine... s'il lait l'an et jor passer, l'action qu'il avait de novele dessaisine est anéantie.* »

Cette déchéance de l'action possessoire après l'an et jour peut s'expliquer par une réminiscence des interdits romains qui ne se donnaient que pendant un an à partir du trouble ou de la dépossession. Mais peut-être, et c'est la conjecture qui nous semble la plus problable, n'était-ce là qu'une nouvelle application de ce délai d'an et jour, si commun dans le droit germain et par suite dans notre droit coutumier. —Bourjon nous dit que la loi exigea du possesseur une possession annale, parce que, avant l'année de possession révolue à son profit, l'action appartenait au précédent possesseur. L'annalité de la possession n'aurait donc été exigée que comme conséquence de l'annalité de l'exercice de l'action. (Dr. Com., liv. 6., t. 3., ch. 3., n° 11).

Le délai donné par nos anciens auteurs pour l'exercice de l'action possessoire était un délai d'an et jour.—Nos lois actuelles n'exigent plus ce jour supplémentaire ajouté à l'année. L'art. 23 du Code de procédure disant que l'action doit être formée dans l'année du trouble, on en doit conclure que le *dies à quo* n'est pas compris dans le délai, mais qu'il faut y comprendre le *dies ad quem ;* ainsi le trouble a eu lieu le 31 janvier, l'action doit être formée au plus tard le 31 janvier de l'année suivante. — Le délai court du jour du trouble. Si le trouble a duré un certain temps, s'il s'agit, par exemple, de constructions ou autres travaux, le délai courra du jour où les travaux ont commencé. C'est en effet de ce jour qu'il y a trouble, atteinte portée à la possession. — Cette règle toutefois ne doit être appliquée qu'avec certains tempéraments. Voici, par exemple, un propriétaire qui élève la digue de son étang ou le barrage de son déversoir, peut-on dire que c'est du jour du commencement de ces travaux que court le délai de l'action en complainte que les riverains pourront avoir lieu d'intenter pour les inondations produites par le nouvel état de choses? — Non évidemment. Les conséquences de ce travail ne sont appréciables pour eux que du jour où leurs terrains sont inondés ; de ce jour-là seulement il y a véritablement trouble. (Proudhon, *Traité du dom. publ.* t., 4, n° 1146).

La loi prononce sans exception la déchéance de l'action. Le délai courra contre les mineurs, les interdits, les femmes mariées, les absents, l'État, les communes, les établissements publics et les autres incapables. — L'art. 2252 du Cod. Nap. dit que la prescription ne court pas contre les mineurs et les interdits. Mais d'abord il ne s'agit pas ici d'une prescription, il s'agit d'une déchéance qui est absolue, d'une règle de procédure qui doit être rigoureusement observée. — Puis, lors même qu'il s'agirait d'une prescription, cette prescription ne rentrerait-elle pas dans la règle de l'art. 2278, qui veut que les petites prescriptions, celles qu'on appelait autrefois *statutaires*, et qui sont au dessous de cinq ans, courrent contre toute personne?

L'ignorance du trouble de la part du possesseur n'empêche pas le délai de courir. Ainsi, ce délai courra contre le propriétaire lors même que son fermier aura négligé de l'avertir. L'art. 1768 le suppose évidemment, puisqu'il oblige le fermier à dénoncer de suite à son bailleur, sous peine de tous dommages-intérêts, les usurpations commises sur le fonds. Si l'insouciance du possesseur, la négligence du fermier pouvaient retarder indéfiniment le jugement des questions possessoires, le but du législateur qui a voulu les faire trancher promptement ne serait-il pas tout à fait manqué?

Le possesseur troublé qui a laissé passer l'année sans agir au possessoire ne reste pas pour cela sans ressources ; il a l'action générale en dommages-intérêts résultant des art. 1382 et 1383 Code Nap. pour réclamer les indemnités qui lui sont dues à raison du préjudice que lui a causé le trouble porté à sa possession. Cette action sera portée devant le juge de paix ou devant les tribunaux civils, suivant l'importance de la valeur réclamée. — Mais le juge de paix sera compétent, quelle que soit cette valeur, s'il s'agit de dommages aux champs, fruits ou récoltes (art. 5, L. du 25 mai 1838).

SECTION III.

Du cumul du possessoire et du pétitoire.

C'est une règle fondamentale de notre procédure que le possessoire et le pétitoire ne sauraient être cumulés. L'art. 25 du C. de proc. la consacre en ces termes : « Le possessoire et le pétitoire ne seront jamais cumulés. »

Cette règle n'existait pas et ne pouvait pas exister en droit romain ; la loi 12, § 1er, *de adq. poss.* nous en donne le motif : *Nihil commune habet proprietas cum possessione, et ideo non denegatur ei interdictum uti possidetis qui cœpit rem vindicare ; non enim videtur possessioni renunciasse qui rem vindicavit.* »

C'est le droit canonique qui posa le premier en principe que la question de spoliation devait être vidée avant tout débat sur le fond. La prohibition du cumul du possessoire et du pétitoire se formula dans la fameuse maxime *spoliatus ante omnia restituendus.* Toutefois, cette prohibition n'était pas prescrite d'une façon absolue, et la partie qui pouvait s'en prévaloir put aussi renoncer aux avantages qu'elle lui eût procurés.

Nos plus anciens jurisconsultes, Beaumanoir (chap. 32, Cout. de Beauvoisis), Boutheillier (Somme rurale, L. 1, chap. 31), Jean Desmarres (Décision 300), reproduisent les mêmes principes, la défense de cumuler le possessoire et le pétitoire.

Toutefois, il paraît qu'en fait, on permettait souvent au défendeur au possessoire de recourir à l'action pétitoire et de joindre ainsi les deux actions dans une même instance. De là, des lenteurs fâcheuses qu'une longue série d'ordonnances tendit à réprimer. « Nous avons ordonné et ordonnons, dit « Charles VII, dans l'art. 72 de l'ordonnance de « Montil-les-Tours, que dorénavant ne soient bailliées « lettres en nos chancelleries pour conduire le pé- « titoire et le possessoire en matière de nouvelleté « ensemble, et si, par inadvertance, aucunes lettres « étaient octroyées au contraire, que les juges n'y « obéissent en aucune manière, et voulons que les « impétrants d'icelles soient punis d'amendes. »

Plus tard, François Ier établit la préséance du possessoire sur le pétitoire ; l'ordonnance d'Ys-sur-Tille de 1535 statue que « la partie qui sera déchue du « possessoire ne sera reçue à intenter le pétitoire que « préalablement elle n'ait payé et satisfait les fruits « et dépens auxquels elle aura été condamnée à cause « dudit possessoire. »

L'ordonnance de 1667 reproduit les mêmes principes ; elle porte, art. 4 du tit. 18, que « celui contre
« lequel la complainte ou la réintégrande sera jugée,
« ne pourra former la demande au pétitoire, sinon
« après que le trouble aura cessé, et celui qui aura
« été dépossédé, rétabli en la possession. »

Toutes ces dispositions de nos ordonnances sont
fondées sur ce motif que, dans l'intérêt de la paix publique, il faut décourager toute entreprise par laquelle les particuliers tenteraient de se rendre justice
à eux-mêmes.

La théorie de l'interdiction du cumul du possessoire et du pétitoire est contenue dans les art 25, 26
et 27 du Code de procédure. L'art. 25 pose la règle ;
les art. 26 et 27 l'expliquent et la complètent.

Le cumul peut se produire de deux manières : il y
a cumul 1° quand un même juge statue à la fois sur
le possessoire et sur le pétitoire ; 2° quand le possessoire et le pétitoire sont menés de front devant deux
juridictions différentes.

Dans le premier cas de cumul, c'est-à-dire dans le
cas où le cumul se produit dans un seul et même procès, le jugement possessoire préjugeant la question
pétitoire, ou réciproquement, l'interdiction du cumul
résulte non seulement de la prohibition de l'art. 25
du Code de proc., mais encore des principes généraux du droit en matière de compétence. En effet, si
le juge de paix est compétent pour juger les questions
de possession, il ne l'est pas pour juger les questions

immobilières en revendication, et, d'un autre côté, si le tribunal civil est compétent sur le pétitoire, il ne l'est pas pour connaître des questions possessoires autrement qu'en appel.

Le cumul peut aussi bien provenir du fait de la partie que de celui du juge. — Le juge ne peut statuer que sur les conclusions du demandeur ; ce sont elles qui déterminent la compétence. Si donc, en agissant au possessoire, vous présentez des conclusions qui tendent à vous faire déclarer propriétaire, le juge de paix doit se dire incompétent. — Si vous concluez en même temps à la possession et à la propriété, le juge de paix peut statuer sur la possession après avoir rejeté le chef concernant la propriété.

Mais, si le juge de paix statuait à la fois sur la question de possession et sur la question de propriété, il violerait les règles de la compétence, contreviendrait à la prohibition du cumul, et son jugement devrait être cassé. — Du reste, c'est par le dispositif et non par les motifs du jugement, que l'on doit apprécier s'il y a cumul. Le dispositif seul passe en force de chose jugée ; seul, par conséquent, il peut préjuger la question de propriété et empêcher le libre exercice de l'action possessoire. Il n'y aurait donc pas cumul par cela seulement que, dans les motifs de son jugement, le juge de paix aurait déclaré que le demandeur avait fait preuve non-seulement de sa possession, mais de sa propriété, qu'il avait une possession non seulement annale, mais immémoriale.

Un second cas de cumul est celui dans lequel le juge, tout en statuant sur la possession seule, fonde son jugement sur des motifs exclusivement tirés du fond du droit. Un pareil jugement ne peut plus, en effet, passer pour un jugement rendu au possessoire. Le jugement possessoire est celui qui se fonde sur l'appréciation des faits de possession. Si cette proposition avait besoin d'être justifiée, nous la démontrerions par l'art 24 du Code de procéd. qui défend, s'il y a enquête ordonnée, de la faire porter sur le fond du droit. C'est bien clairement proclamer que le juge de paix ne doit statuer sur la possession que d'après les faits de possession.

D'après ces principes, il est clair que le juge de paix cumulera le possessoire et le pétitoire en adjugeant la possession à un demandeur qui, sans établir aucun fait de possession, se borne à produire des titres de propriété ; mais bien souvent la possession ne se détache pas d'une façon complète de la question de propriété ; bien souvent l'appréciation des titres de propriété est nécessaire pour qualifier les faits mêmes de possession.

Ainsi, un demandeur en complainte prouve sa possession annale ; mais le défendeur soutient que cette possession est précaire, et, comme la possession précaire est celle qui a commencé au nom d'autrui, il produit le titre d'un bail passé au demandeur.

De même, deux personnes ont acheté le même fonds d'un même vendeur ; n'ayant ni l'une ni l'autre la possession annale de leur chef, elles veulent toutes les deux se prévaloir de la possession de leur vendeur. Pour savoir quelle est celle dont la prétention est fondée, il faut juger quelle est celle qui est le véritable acheteur, il faut examiner la validité des titres d'acquistion, trancher une question pétitoire.

Enfin, les servitudes discontinues ne peuvent, comme nous l'avons vu, devenir l'objet de l'action possessoire qu'autant qu'on les a exercées en vertu d'un titre. Dans toutes les actions possessoires intentées à propos de ces servitudes, la validité du titre peut être contestée, et dès lors, il faudra vérifier ce titre pour savoir si la complainte est recevable.

Dans beaucoup d'autres questions possessoires, s'il n'y a plus lieu à l'examen du titre pour juger des caractères de la possession, il y a lieu à trancher préjudiciellement une question de propriété pour savoir s'il y a trouble, s'il y a dépossession, c'est-à-dire si l'élément de fait nécessaire à la recevabilité de l'action concourt avec l'élément de droit, la possession juridique. Ainsi, j'intente la complainte contre mon voisin pour avoir exhaussé le mur qui nous sépare ; le voisin réplique que le mur est mitoyen, qu'il n'a fait qu'user de son droit ; la recevabilité de mon action est subordonnée à la décision qu'on prendra sur la question de mitoyenneté.

Dans toutes ces questions, que doit faire le juge de paix ?

Trois systèmes se sont produits à cet égard.

Dans un premier système, on soutient que le juge de paix doit, en pareil cas, se déclarer incompétent. Il est juge du possessoire ; on soulève devant lui une question de validité de titres, une question de mitoyenneté ; ce sont là des questions pour lesquelles la loi ne l'a pas déclaré compétent : il doit donc se dessaisir.

Ce système nous paraît peu soutenable : le juge de paix doit juger les questions possessoires. La question, telle que la posent les conclusions du demandeur, est une question possessoire ; refuser de la juger, c'est se rendre coupable de déni de justice. — D'un autre côté, voyez les conséquences injustes de ce système. Qui paiera les frais de l'instance possessoire ? le demandeur apparemment, puisque le juge de paix, en se déclarant incompétent, a rejeté sa demande. Y a-t-il pourtant rien de plus inique ! Les conclusions qu'il a prises devant le juge de paix sont purement possessoires ; le juge de paix n'est-il donc pas compétent en matière possessoire ?

Un second système, énergiquement soutenu par M. Belime, dans son *Traité du droit de possession,* n° 450, consiste à dire que le juge de paix doit renvoyer les parties devant le tribunal civil, afin de faire juger préalablement la question pétitoire, tout en retenant le jugement de l'action possessoire régulièrement formée. « Le juge de paix, dit M. Belime, doit « prendre connaissance des titres ; s'il se convainc « qu'ils sont valables, qu'il y a évidence que l'ad-

« versaire ne les conteste que par chicane et pour
« gagner du temps, il prononcera la maintenue en
« possession. — S'il lui paraît, au contraire, qu'il y
« a doute et que leur validité peut faire l'objet d'un
« débat sérieux, il renverra les parties, sans se des-
« saisir, au juge du pétitoire, pour y faire résoudre
« ce point préjudiciel. » — Ainsi, ajoute cet auteur,
tout est concilié, puisque le juge de paix ne se des-
saisit pas d'un procès évidemment de sa compétence,
et que, d'un autre côté, on ne l'oblige pas à statuer
sur une question qui n'est pas de son ressort.

Nous croyons, néanmoins, qu'on peut faire à ce
système de sérieuses objections.

D'abord, n'est-ce pas suivre une marche bien
anormale que d'agir ainsi au possessoire, d'aller ensuite au pétitoire pour revenir enfin au possessoire?
Une fois le pétitoire fixé, les parties n'auront plus
grand intérêt à faire juger le possessoire. Sans doute,
le possessoire pourra bien encore faire obtenir des
dommages-intérêts, mais cet avantage ne sera-t-il pas
la plupart du temps trop minime pour compenser les
frais que coûtera aux parties un nouveau procès. Le
possessoire ne sera donc pas jugé, et le but de la loi
sera ainsi manqué. — Et puis, quand même les parties intenteraient successivement les deux procès,
ne sera-t-il pas toujours vrai qu'on aura agi au pétitoire avant d'avoir agi au possessoire, et qu'on aura
violé ce principe fondamental de notre matière, que
le possessoire doit toujours précéder le pétitoire?

M. Belime n'a donc pas pensé à concilier son système avec les art. 26 et 27 du Code de procédure. — Enfin sa doctrine prête à un arbitraire effrayant : le juge de paix doit juger, s'il y a évidence, refuser de juger, s'il y a obscurité dans les titres ; mais quand y aura-t-il évidence, obscurité? Quand il le voudra. Cette juridiction de bon plaisir n'est guère dans l'esprit de la loi, qui trace des règles si strictes en matière de compétence.

Le troisième système que nous adoptons veut que le juge de paix retienne la question possessoire dont il a été compétemment saisi, et qu'il la tranche après avoir examiné la validité des titres, la vérité des allégations qui servent à déterminer les caractères de la possession, à décider la question de trouble. Et cela par la raison, comme l'a dit Proudhon (t. 5, p. 44, nº 1490), qu'étant juge du possessoire, il faut bien qu'il soit compétent pour connaître de la question tendant à vérifier la qualité de possession.

« Alors, comme le remarque Henrion de Pansey, « ce n'est pas un titre qu'il applique, c'est un indi- « cateur qu'il consulte. Ce n'est pas le pétitoire « qu'il juge; c'est le possessoire qu'il éclaire. » Et il a non seulement le droit d'examiner le titre, mais le droit d'en peser la valeur. On ne peut pas lui ordonner d'obéir aveuglément à un titre, pour cela seul que c'est un titre. « Si le juge a le droit de consulter « les titres pour asseoir son jugement, par la même « raison ne lui appartient-il pas d'apprécier la valeur

« de ces titres?... Absolument de la même manière
« qu'il apprécierait la moralité d'un témoin avant
« d'asseoir aucun jugement sur son témoignage...
« Nous ne voulons pas dire qu'il prononcera la nul-
« lité.., il jugera de la valeur des titres, en tant qu'ils
« sont titres de possession et il ne s'en occupera pas
« en tant qu'ils sont titres de propriété. » Tels nous
paraissent être les vrais principes. Le juge de paix
n'apprécie pas le titre considéré en lui-même, mais
il l'apprécie dans ses rapports avec la possession.
Ainsi supposons un défendeur à l'action possessoire,
qui oppose à cette action des titres prouvant qu'il n'a
fait qu'exercer un droit légitime ; le juge de paix devra-t-il examiner le titre? devra-t-il admettre l'exception? Oui, dans le cas où elle touche la question possessoire ; — Non, dans le cas contraire. — La possession est un fait que la loi consacre en y attachant
certains avantages que personne pas même le véritable propriétaire n'a le droit de méconnaître. Lors
donc que le titre allégué tend à combattre la possession du demandeur et a pour effet d'établir que le
défendeur qui n'a pas la possession est néanmoins
le véritable propriétaire, le juge de paix, juge du
fait de possession et non du droit, ne peut en connaître, il est radicalement incompétent. — Au contraire, ce même juge devra recevoir l'exception du
défendeur si le titre invoqué tend à démontrer que
la possession est précaire, ou manque des conditions
requises (Art. 23 C. pr.). Il doit examiner également

le titre, s'il a pour effet, non pas de détruire en lui-même le fait de la possession dont se prévaut le demandeur, mais seulement de justifier au profit du defendeur l'existence d'un droit compatible avec cette possession. Ainsi, pour donner un exemple, c'est un défendeur qui, attaqué en complainte, pour fait de passage, invoque un titre qui lui donne ce droit; évidemment il faudra examiner le titre ; car, s'il y a titre, il n'y a plus trouble, il n'y a plus lieu à l'action possessoire.

Dans un autre sens, il y a cumul, lorsque le possessoire et le pétitoire sont jugés ensemble devant deux tribunaux différents. — Le demandeur au pétitoire ne peut revenir au possessoire (26. C. procéd.), et le défendeur au possessoire ne peut à son tour, et avant que la première instance soit terminée, se pourvoir au pétitoire. — Telles sont les deux règles que nous donnent à cet égard les art. 26 et 27 du Code de procédure. — La première de ces règles est fondée sur cette présomption que celui qui a agi au pétitoire a reconnu le bénéfice de la possession à son adversaire et aussi peut-être sur le besoin de simplifier les procès, sur l'inutilité qu'il y aurait à s'occuper de la présomption provisoire de propriété, alors qu'un tribunal est déjà en voie de décider la question définitive de propriété. La seconde règle a pour motif cette considération d'ordre public qui veut qu'avant tout les voies de faits soient réprimées et que le possesseur légal soit maintenu.

Le possessoire doit précéder le pétitoire. Tant que la question possessoire sera pendante, soit en première instance devant le juge de paix, soit en appel devant le tribunal civil, il ne sera pas permis, même devant les juges compétents, de plaider sur le pétitoire; quand le débat sur la possession sera vidé, quand on aura fait justice des voies de fait, alors seulement il sera possible d'ouvrir les débats sur la propriété.

Les art. 26 et 27 du C. de procéd. font l'application de ces principes.

« Le demandeur au pétitoire, dit l'art. 26, ne sera plus recevable à agir au possessoire. »

J'ai été dépouillé violemment de mon héritage, au lieu d'agir par la voie possessoire de la réintégrande, j'intente directement une action pétitoire devant le tribunal civil, ou bien j'intente d'abord la réintégrande, puis, avant tout jugement, j'abandonne l'instance possessoire pour agir en revendication; dans l'un comme dans l'autre cas, je ne serai pas recevable à abandonner le procès commencé pour revenir à la voie possessoire; dans l'un comme dans l'autre cas, il y aura contre moi déchéance du possessoire. Et cette déchéance du possessoire que la loi prononce contre moi est parfaitement juste. En portant de suite mon action au pétitoire, n'ai-je pas reconnu implicitement que le défendeur avait la possession? Il y a de ma part aveu de cette possession; et les aveux judiciaires ne se rétractent pas (1356 C. N.). Il y a une espèce de chose jugée contre moi, et le défendeur restera en possession absolument comme si déjà, sur une instance au possessoire, il avait été maintenu par le juge de paix. Ainsi il faudra refuser au demandeur le droit de se pourvoir au possessoire, même pour un trouble postérieur à l'introduction de son instance au possessoire.

Après la chose jugée au possessoire, il n'y aurait plus lieu, dans l'espèce, à l'action possessoire, le demandeur ne pouvant plus être troublé dans une possession que la loi a déclarée ne pas exister. Il en sera de même après la demande au pétitoire, impliquant, de la part du demandeur, la reconnaissance qu'il n'avait pas la possession. Volontairement il s'est privé de la possession. Comment pourrait-il venir dire qu'il a été troublé dans une possession dont il a reconnu l'existence au profit de son adversaire?

Une simple citation en conciliation n'opérerait pas cette déchéance du possessoire. La déchéance est la conséquence d'une demande au pétitoire. Une citation en conciliation n'est pas une demande au pétitoire. L'art. 48 du C. de proc. l'a suffisamment démontré en distinguant la demande introductive d'instance de la demande en conciliation. — On peut ajouter que la demande en conciliation n'est en soi qu'un acte préliminaire sans caractère fixe, et qui laisse saufs les droits des parties. On a pu se montrer disposé à faire des concessions, dans l'espérance que l'adversaire en ferait de son côté. Mais du moment que ces prévisions sont trompées, que la conciliation n'a pas lieu, chaque partie rentre dans le droit qu'elle avait avant la demande en conciliation, dans le droit d'agir au possessoire avant d'aller au pétitoire.

Quant au défendeur au pétitoire, dont l'art. 20 ne parle pas, il pourra se pourvoir au possessoire, soit pour trouble antérieur, soit pour trouble postérieur à la demande au pétitoire. Sans doute, on peut dire que sans avoir agi au possessoire, la victime du trouble jouit déjà du rôle de défendeur au pétitoire. Mais si cet avantage est le plus grand que donne l'action possessoire, ce n'est pas le seul : le défendeur a le droit d'exiger, avant d'accepter le débat au pétitoire, la restitution de ce fonds dont il percevait les fruits, la réparation du dommage qu'on lui a causé ; d'un autre côté, en intentant sa demande au pétitoire, son adversaire ne peut avoir acquis le droit de le troubler impunément, et lui enlever ainsi cette protection que la loi donne à tout possesseur. Le défendeur peut toujours faire valoir en sa faveur ce principe d'ordre public qu'exprime la maxime *spoliatus ante omnia restituendus*. « Appliquer à ce cas, « dit Merlin, la défense de cumuler les deux actions « et d'exercer l'une avant que l'autre soit définitive- « ment jugée, ce serait lui donner un sens aussi ab- « surde qu'inique. » « Ce serait, comme l'observe « Henrion de Pansey, faire un appel à la violence et « à la fraude. » (Carré, *Lois de proc.* n° 28).

L'art. 27 du C. de proc. porte que le défendeur au possessoire ne pourra se pourvoir au pétitoire

qu'après que l'instance sur le possessoire aura été terminée. — La loi ne dit rien du demandeur au possessoire, c'est parce qu'il est clair que ce demandeur
pour lequel la possession peut constituer un droit est
libre, si bon lui semble, d'abdiquer ce droit, et de
reconnaître la possession à son adversaire. — Toutefois, s'il y avait eu des conclusions reconventionnelles
de la part du défendeur, prétendant lui-même avoir
été troublé, et réclamant des dommages-intérêts, il
ne serait plus alors permis au demandeur de se soustraire par un désistement à la réparation du trouble
qu'il aurait causé.

La situation du défendeur est tout autre. C'est lui
qui est auteur du trouble ou de la violence qui donne
lieu à la poursuite possessoire ; il ne peut se soustraire
à cette poursuite, en agissant en revendication. Peu
importe qu'il soit vraiment propriétaire, il a troublé,
dépossédé un possesseur légal ; l'ordre public exige
alors qu'il lui fasse réparation. — Et il pourra être
déclaré non recevable à agir au pétitoire, alors même
que l'action possessoire n'aurait pas encore été intentée contre lui, car il ne peut pas dépendre de lui
d'échapper à l'action en complainte ou en réintégrande, en se hâtant d'actionner sa victime devant le
tribunal civil. Il lui donne sans doute ainsi le bénéfice du rôle de défendeur au pétitoire ; mais, nous
l'avons dit, ce n'est pas le seul avantage attaché au
succès dans l'instance possessoire, il y a encore la
restitution des fruits, la réparation du préjudice

causé, et le tribunal civil devra, sur la demande de la victime du trouble ou de la spoliation, surseoir à l'examen de la question pétitoire, jusqu'à ce que toutes ces satisfactions. légitimes aient été accordées.

Les termes de l'art. 27, *le défendeur au possessoire ne pourra se pourvoir...,* ont besoin d'explication. Ils ne doivent pas être entendus dans un sens trop absolu. Ils ne sauraient signifier que l'assignation même du défendeur au possessoire, demandeur au pétitoire, doit être déclarée nulle, la loi n'en prononce pas la nullité, et l'art. 1030 du Code de procédure défend de déclarer nul aucun exploit, *si la nullité n'en est pas formellement prononcée par la loi.* Il faut entendre cette disposition de l'art. 27 comme l'art. 48 en matière de conciliation, c'est-à-dire que le tribunal devant lequel l'ajournement sera donné devra refuser d'écouter le demandeur, de lui donner audience, jusqu'à ce qu'il ait satisfait à la loi, mais qu'une fois le possessoire vidé, comme une fois la conciliation tentée, l'affaire sera reprise, sans ajournement nouveau, le premier ajournement étant tenu pour parfaitement valable. — Sans cela, il pourrait arriver fort injustement que la prescription fût acquise *intra moras litis* contre le défendeur, sans qu'il eût le moyen de l'interrompre : celui qui serait sur le point d'acquérir une servitude, un droit de vue contre son voisin, n'aurait qu'à intenter la complainte contre lui, pour l'empêcher de sauvegarder son droit en interrompant la prescription par une citation au pétitoire.

La loi ne s'est pas contentée d'exiger que le possessoire fut jugé avant le pétitoire. « Le défendeur « au possessoire, ajoute l'art. 27, ne pourra, s'il a « succombé, se pourvoir au pétitoire, qu'après qu'il « aura pleinement satisfait aux condamnations pro-« noncées contre lui. »

Ce n'est plus là la conséquence de la règle de l'art. 25, de l'interdiction du cumul du possessoire et du pétitoire. Dans l'espèce, il ne saurait y avoir cumul, l'action possessoire est vidée, la possession attribuée par jugement à l'un des deux plaideurs, et l'on demande à intenter une action toute distincte, une revendication de la propriété. Le motif de cette disposition est dans la rigueur que la loi déploie contre le possesseur violent. — En règle générale, le procès qu'on a intenté contre une personne, les condamnations qu'on peut avoir encourues par suite de ce procès, n'empêchent pas qu'on puisse intenter contre le même adversaire une autre action à raison d'un autre objet, à raison d'un intérêt distinct. Et cet adversaire n'est pas admis à opposer comme fin de non-recevoir à la seconde action le non-acquittement des condamnations prononcées par suite de la première action. Mais on fait ici exception à ce principe de droit commun. Par haine, par défaveur pour le possesseur violent, la loi l'oblige à acquitter pleinement les condamnations encourues par lui au possessoire, avant d'être recevable à former une action pétitoire.

Cependant, tout en se montrant sévère, le législateur a pensé que ce principe appliqué à la rigueur, sans bornes, sans limites, pourrait devenir à son tour une cause d'injustice. Il ne faut pas que le mauvais vouloir de la partie qui a obtenu gain de cause, paralyse indéfiniment l'exercice de l'action pétitoire. L'auteur du trouble ou de la spoliation peut fort bien en définitive, être le véritable propriétaire, et la loi qui entend réprimer ses voies de fait, n'entend pas les punir par la perte de sa propriété. De là ce second paragraphe de l'art 27. « Si néanmoins, la partie « qui a obtenu les condamnations était en retard de « les faire liquider, le juge du pétitoire pourra fixer « pour cette liquidation un délai après lequel l'action « au pétitoire sera reçue. »

Ce n'est qu'au défendeur au possessoire, à l'auteur du trouble ou de la violence, que les termes de l'art. 27 imposent l'obligation d'acquitter toutes les condamnations possessoires, avant d'entamer le procès au pétitoire. Dans le silence de la loi, devons-nous étendre cette disposition au demandeur, à celui qui a été victime du trouble ou de la violence? S'il échoue dans son procès possessoire, ne pourra-t-il lui aussi agir au pétitoire, qu'après avoir payé les dépens, les dommages-intérêts et les autres condamnations du premier jugement? Nous ne le croyons pas; l'ordonnance de François Ier, d'Ys-sur-Til, en 1535, ordonnance à laquelle remonte cette disposition de notre

Code de Procédure, ne distinguait pas entre les deux parties, et formulait la prohibition d'agir au pétitoire *contre la partie déchue au possesosire*. Notre Code de procédure actuel a changé cette rédaction et n'a parlé que du *défendeur qui a succombé*. L'art. 27 prononce une exception au droit commun. Les exceptions ne doivent pas s'étendre aux cas non prévus par la loi. — Enfin, le motif qui a dicté l'exception, la haine contre les voies de fait, le besoin que le trouble et la violence soient expiés, ce motif n'existe plus quand il s'agit du demandeur, puisque c'est précisément lui qui est la victime de ce trouble, de cette violence.

SECTION IV.

De la preuve en matière possessoire.

Le demandeur qui agit en complainte a deux choses à prouver, le trouble et la possession annale.

Le trouble comme tous les faits délictueux ne pourra guère être prouvé que par témoins, mais le plus souvent il n'y aura même pas lieu de le prouver, il sera avoué par le défendeur qui prétendra avoir agi dans la limite de son droit. — Si le défendeur nie le trouble, le procès perd, à vrai dire, son caractère possessoire ; il cesse d'avoir pour objet la possession que les parties ne se disputent pas ; il n'a plus pour but que de faire constater un délit à la responsabilité duquel le défendeur prétend échapper par une dénégation du fait qui y donne lieu.

La preuve de la possession annale n'est pas chose aussi facile à faire ; l'existence de la possession annale donne gain de cause au procès. Ce sera donc sur la preuve de l'annalité de cette possession que roulera habituellement tout le débat.

La possession est un pur fait dont la reconnaissance écrite ne peut être réclamée de l'adverse partie ; elle pourra donc se prouver par tous les genres de preuves reconnus par nos lois. Ainsi elle peut s'établir par des titres, par la preuve testimoniale, qui est même l'espèce de preuve la plus naturelle en pareille matière, par les simples présomptions de l'homme, quand elles sont graves, précises et concordantes ; enfin par l'aveu de la partie et même par le serment.

Quand nous disons que la possession peut se prouver par titres, nous n'entendons pas parler des titres de propriété qui ne concernent que le fond du droit, mais de ceux qui tendent à établir directement des faits de possession. Par exemple, un procès-verbal de délivrance consenti à un usager établirait que cet usager n'est pas resté sans user de son droit ; — un jugement précédemment rendu au possessoire contre le défendeur lui-même, prouverait qu'à l'époque de ce jugement, le demandeur était en possession.

Mais quelle serait la force des actes émanés de la partie même qui se prétend en possession ? Un démandeur en complainte allègue qu'il a passé des baux du fonds en question, qu'il a fait des marchés d'ouvriers relatifs à ce fonds, qu'il a acquitté les contributions ; sont-ce là des preuves de sa possession? — Pothier enseignait que ces actes formaient preuve de la possession en matière de prescription. « C'est « au possesseur qui veut opposer la prescription, « dit-il, à en faire la preuve, soit littéralement par « titres tels que baux à loyer, ou à fermes, rôles « d'impositions, quittances et marchés, etc. » Sans doute ces actes émanés de tierces personnes, ne peuvent pas être regardés comme formant une preuve complète, et l'adversaire sera toujours recevable à les combattre par la preuve contraire. Mais, s'il n'allègue aucune circonstance de nature à faire supposer la fausseté de ces actes, s'il ne s'élève contre eux aucune présomption de simulation, pourquoi le juge de paix n'en tiendrait-il pas compte? Il peut y avoir dans ces titres, considérés en eux-mêmes, une présomption que celui qui les exhibe possédait à l'époque à laquelle ils ont été faits ; le juge est autorisé à en tenir compte, comme de tout autre moyen propre à former sa conviction.

Généralement, c'est par la preuve testimoniale que se prouvera la possession. L'enquête est le vrai mode de preuve des faits possessoires. L'art. 24 du Code de procéd. porte que : « Si la possession ou le « trouble sont déniés, l'enquête qui sera ordonnée « ne pourra porter sur le fond du droit. » Cet article n'a pas d'autre but que de rappeler ce que nous avons déjà dit, à savoir que le juge de paix doit se renfermer dans sa compétence, et ne juger la possession que par la possession, sans faire porter ses investigations sur la question de propriété. C'est ordinairement sur les lieux mêmes, objet du débat, que l'on procédera à l'enquête. L'art. 30 Code de procéd. a eu spécialement en vue les matières possessoires quand il a décidé que « dans tous les cas où la vue « du lieu peut être utile pour l'intelligence des dé-« positions, et spécialement dans les actions pour dé-« placements de bornes, usurpations de terre, arbres « et haies, fossés et autres clôtures, et pour entre-« prises sur les cours d'eau, le juge se transportera, « s'il le croit nécessaire, sur le lieu, et ordonnera que « les témoins y seront entendus. » Il arrive presque toujours que, dans ces sortes de procès, il est impossible de comprendre la déposition des témoins et même l'objet de la contestation sans voir l'objet litigieux.

La possession étant de nature à être prouvée par témoins, peut se prouver par les simples présomptions de l'homme. Aux termes de l'art. 1353 Code Nap., ces sortes de présomptions ne doivent être admises que *dans les cas où la loi admet les preuves testimoniales;* mais aussi elles peuvent l'être toutes les fois que la preuve testimoniale est recevable. Si elles sont graves, précises, concordantes, elles sont dignes d'attirer l'attention du juge; elles peuvent déterminer sa conviction. Ainsi, je ne puis amener des témoins qui attestent m'avoir vu exercer dans l'année mon droit de passage. Mais j'avais une récolte dans mon champ, et je l'ai enlevée ; mes voisins déclarent que le passage n'a pas été pris sur eux. Je fais voir des marques de roues sur le fonds assujetti. — Tout cela peut constituer des présomptions suffisantes pour que le juge de paix déclare que la servitude n'a pas cessé d'exister pendant l'année.

C'est ainsi que, dans certains cas, la possession ancienne rendra vraisemblable la conservation de la possession, par l'intention seule, et pourra faire présumer par suite la possession actuelle ; c'est ainsi, à l'inverse, que la possession actuelle, appuyée sur un titre, pourra faire croire à l'existence de la possession depuis la date de ce titre. — Dans tous ces faits il y a des indices, et ces indices peuvent être pris en considération par le juge, puisqu'il a le droit de former son opinion comme il l'entend, mais il n'y a point là des preuves obligatoires pour le juge, des présomptions qui s'imposent à sa conscience. La loi, dans tous ces cas, n'a établi aucune présomption légale, et où la loi n'en a pas établi, la doctrine ne saurait en créer. — C'est par erreur qu'on a cru trouver une présomption de cette nature dans l'art. 2234 Code Nap. Cet article nous dit que « le possesseur actuel qui « prouve avoir possédé anciennement est présumé « avoir possédé dans le temps intermédiaire, sauf la « preuve contraire. » Il consacre en matière de préscription cet axiome de logique : *probatis extremis medium præsumitur.*

Du fait connu d'une possession actuelle, corroborée de faits anciens de possession, la loi conclut à un fait inconnu, à la longue possession qui mène à la prescription. Mais, comme le fait très-bien observer M. Belime : « Quand le législateur parle du pos-« sesseur *actuel* qui prouve avoir possédé ancienne-« ment, il entend parler du possesssur annal ; cet « article se trouve au titre de la prescription, et, par « conséquent, on y suppose le procès engagé au pé-« titoire. Or, de deux choses l'une : ou bien l'affaire « a d'abord été jugée au possessoire, ou bien elle a « été portée immédiatement devant le tribunal. Si elle « a commencé par être résolue au possessoire, il est « évident que le possesseur actuel de l'art. 2234 est « le possesseur annal, puisque c'est celui-là seule-« ment que le juge de paix a pu maintenir. Si le « procès s'est engagé de prime abord au pétitoire, il « en est encore de même, attendu que celui qui s'est « constitué demandeur a reconnu, par ce seul fait, « que la possession annale était à son adversaire, « personne n'étant censé avoir abandonné la voie « prompte et sûre des actions possessoires, s'il ne sa-« vait qu'il n'est pas fondé à les intenter. »

Dans cet art. 2234, on suppose le possesseur annal connu pour établir en sa faveur certaines présomptions ; au contraire, dans les actions possessoires, il s'agit précisément de rechercher quel est ce possesseur annal : il ne saurait donc y avoir lieu à invoquer cet article devant le juge de paix. Les deux faits de possession actuelle et ancienne pourront être des motifs de supposer la possession annale ; mais ils n'établiront pas une présomption légale, enchaînant la conscience du juge.

Il peut très-bien se faire et il arrive chaque jour que malgré tous ces moyens de preuve, le juge de paix soit encore embarrassé pour se former une opinion bien arrêtée ; les deux parties peuvent avoir fait des actes de possession égaux de part et d'autre. — Longtemps on a soutenu qu'il était impossible que la possession de la même chose appartînt à plusieurs *in solidum,* de telle sorte que chacun en eût eu, en son privé nom, la possession pour le total ; on invoquait ce texte de Paul : « *Non magis eadem possessio apud* « *duos esse potest quam ut tu stare videaris in eo* « *loco in quo ego sto.* » La raison eût été sans réplique si la possession eût consisté uniquement dans une détention immédiate des choses. L'impénétrabilité de la matière rend bien impossible la coexistence de deux corps dans un même lieu. Mais, cette même raison est sans portée, lorsqu'il ne s'agit plus de cette question de physique, et qu'on se place au point de vue de notre droit qui reconnaît qu'on possède par l'intention soutenue de quelques actes de possession plus ou moins partiels, plus ou moins fréquents. Il est certain dès lors qu'en fait, deux personnes peuvent avoir possédé simultanément la totalité d'une même chose, il suffit pour cela qu'elles aient fait des actes de jouissance en se croyant toutes les deux propriétaires, et, s'il en est ainsi, elles peuvent se présenter aux yeux du juge de paix avec des actes de possession qui se balanceront au moins en apparence. Que doit faire le juge de paix dans cette conjoncture?

Bien des conseils différents lui ont été donnés; et il n'y a peut-être pas de question qui ait produit plus de divisions parmi les auteurs tant anciens que modernes. Dans notre ancienne doctrine, Belime cite (n° 394) des auteurs qui voulaient que le juge partageât la chose en parties égales entre les plaideurs; d'autres qui ne voyaient d'autre moyen de sortir d'embarras que de consulter le prince ; d'autres enfin qui professaient que le plus sûr était encore de s'en rapporter à la voie du sort. Bartole, sur la l. 3, *uti poss.*, rejette ce dernier système par une raison curieuse. « C'est, dit-il, que cet expédient n'est possible « que dans les questions de droit, mais non dans les « questions de fait. » — Sans nous arrêter à discuter ces conceptions qui portent leur condamnation dans leur bizarrerie même, disons quelques mots des systèmes plus sérieux que la doctrine moderne a mis en avant sur ce point.

En premier lieu, on a dit que la possession étant incertaine, c'était le cas d'appliquer la règle générale, *actore non probante reus absolvitur.* — On n'a pas réfléchi que si, en matière pétitoire, absoudre le défendeur, c'était le laisser dans sa même position, sans lui rien ôter, sans lui rien donner, il n'en était pas de même en matière possessoire : absoudre le défendeur à une action possessoire, c'est lui transférer véritablement le bénéfice d'une possession à laquelle son adversaire a autant de droit que lui, c'est lui conférer un avantage qui ne lui appartient pas plus qu'au demandeur. — D'un autre côté, on n'a pas pensé aux conséquences injustes qu'amène en notre matière, l'application de la maxime qu'on invoque. Si vous donnez gain de cause au défendeur, que voulez-vous que fasse la victime des voies de fait, la victime du trouble et de la spoliation? — Elle ne peut agir en complainte comme demanderesse, puisque vous lui faites perdre son procès. Il faut donc qu'elle se résigne, pendant que la loi protége le possesseur violent. Elle n'a qu'un remède, le recours à la force. Qu'elle dépouille son adversaire, et elle l'aura mis à son tour dans la position d'intenter la complainte, c'est-à-dire dans l'impossibilité de demander la réparation de la violence, tant que les faits de possession continueront à se balancer de part et d'autre. — Il est impossible d'admettre de pareils résultats, et le système qui les donne est condamné par les principes mêmes qui servent de fondement à toute la théorie des actions possessoires, principes qui se résument dans la maxime *spoliatus ante omnia restituendus*.

On a proposé en second lieu, quand les faits de possession se balançaient, d'autoriser le juge de paix à consulter les titres, afin de maintenir celle des deux parties qui paraîtrait avoir le plus de droit à la propriété. C'était l'opinion d'un grand nombre de nos anciens auteurs, du président Favre (C. liv. 8, t. 4, déf. 3), de Dumoulin (sur l'art. 441 de la coutume du Maine), et Rousseau de Lacombe atteste que telle était la jurisprudence de nos parlements (Diction. de jurispr. v° complainte). C'est le parti qu'Henrion de Pansey (Compét. des juges de p. chap, 41) conseille au juge de paix.

Malgré toutes ces autorités, nous doutons que cette doctrine soit la bonne ; dans notre ancien droit, elle pouvait se soutenir jusqu'à un certain point; la distinction du possessoire et du pétitoire n'était pas aussi nettement tranchée qu'elle l'est aujourd'hui et surtout c'étaient les mêmes juges qui statuaient sur les deux questions de possession et de propriété; mais de nos jours, il n'en est plus ainsi : le juge de paix compétent pour connaître du possessoire, est radicalement incompétent pour apprécier des titres de propriétés. Les principes généraux du droit, en matière de compétence, nous le disent formellement, et l'art. 24 du C. de proc. nous le répète lorsqu'il enseigne qu'en cas d'enquête ordonnée, elle ne pourra porter sur le fond du droit. Comment soutenir après cela que le juge de paix peut dissiper l'obscurité qui règne sur la possession en préjugeant la question de propriété ? — Ensuite, il peut très-bien se faire qu'il n'y ait pas de titres à produire, de sorte que dans une foule de cas, la difficulté restera entière.

Un troisième parti est indiqué par Pothier. «Lors-
« que les enquêtes sont contraires, dit Pothier, de
« manière que le juge ne püisse connaître laquelle
« des parties qui se disputent la possession de l'hé-
« ritage a cette possession, le juge, en ce cas, sans
« rien statuer sur la possession, ordonne que les par-
« ties instruiront au pétitoire. Quelquefois le juge
« accorde la récréance à l'une des parties, c'est-à-
« dire une possession provisionnelle pendant le pro-
« cès au pétitoire ; cette recréance n'a d'autre effet
« que de donner à la partie à laquelle elle a été ac-
« cordée, le droit de jouir de l'héritage contentieux
« pendant le procès au pétitoire, à la charge d'en
« rendre compte à l'autre partie, dans le cas auquel
« l'autre partie obtiendrait gain de cause au péti-
« toire ; mais cette recréance n'a pas l'effet qu'a la
« sentence de pleine-maintenue, de déclarer posses-
« seur celui qui l'a obtenue, et de le faire présumer
« propriétaire, sans qu'il ait besoin de prouver son
« droit de propriété, tant que l'autre partie n'aura
« pas pleinement justifié le sien. Au contraire, la
« sentence de simple recréance laisse la possession
« *in incerto*, et ne déclare point possesseur celui
« qui l'a obtenue : elle ne le dispense pas, par con-
« séquent, d'établir sur l'instance au pétitoire le
« droit de propriété qu'il prétend avoir de l'héritage
« contentieux (Poss. n° 155). »

La recréance paraît avoir été en usage dès les
temps les plus reculés de notre droit. Il en est parlé

dans Beaumanoir (Cout. de Beauvoisis, chap. 53);
dans Boutheillier (Somme rurale, liv. 1, chap. 21).
Nous la trouvons dans tous nos anciens auteurs,
mais avec des caractères tout autres que ceux que
lui donne Pothier. Dans nos anciens auteurs, elle
n'est qu'une phase de la complainte, une mesure essentiellement provisionnelle qui ne dispense pas le
juge de statuer ensuite sur la maintenue possessoire.
« Il est tout vulgaire, nous dit Charondas, que la
« complainte contient trois chefs, recréance, main-
« tenue et séquestre. » — « Le procès de complainte,
« nous dit Rebuffe (de Mater. poss., art. 1, glos. 2),
« contient deux chefs; dans le premier, on adjuge
« la garde de la chose contentieuse. Si cette garde
« est adjugée à l'une des parties, elle s'appelle re-
« créance; si elle n'est pas attribuée à l'une des par-
« ties, mais à un tiers, elle prend le nom de séques-
« tre. Dans le second chef, on juge le *plein-posses-*
« *soire.* »

Un abus s'était introduit de plaider d'abord sur la
recréance, puis de faire une nouvelle demande en
maintenue définitive, ce qui établissait deux degrés
possessoires; l'ordonnance de Villers-Cotterets réprima cet abus : « Nous défendons à tous nos juges,
« dit l'art. 59, de ne faire ainsi deux instances sur
« la recréance et la maintenue des matières posses-
« soires; ainsi voulons être conduites par un seul
« procès ou moyen. »

A l'époque de l'ordonnance de 1667, la recréance

avait conservé ce caractére. Jousse, dans son *Comment. sur l'ord.*, t. 1, p. 214, définit la recréance, « la possession provisionnelle qui s'adjuge pendant « le procès à celui qui a le droit le plus apparent, « jusqu'à ce qu'on soit en état de prononcer sur la « pleine maintenue. » — A la différence de la maintenue, qui ne se prononçait qu'après une enquête sur les faits de possession, la recréance s'adjugeait sommairement sur le vu des titres (Papon, 2° not., l. 8 des *Interd. et act. poss.*; Imbert, *Pratique judiciaire*, l. 1, chap. 16). Elle n'était guère en usage que dans les matières bénéficiales.

Quoi qu'il en soit des caractères historiques de la recréance dans notre ancien droit, il est certain qu'elle nous apparaît dans Pothier avec des caractères tout autres. Pothier l'applique aux matières profanes comme aux matières spirituelles, et il en fait un moyen, pour le juge de paix, de se dessaisir de la question possessoire. C'est cette recréance dont Henrion de Pansey (*Comp. des jug. de paix*, ch. 33) enseigne le maintien dans notre droit actuel. « Il y a « lieu, dit-il, à cette recréance et au renvoi au péti- « toire, lorsque les parties se prétendent également « en possession d'an et jour; que les actes qu'elles « produisent, et les faits qu'elles articulent respec- « tivement, sont de nature à exiger une discussion « longue et difficile, et que, cependant, il y en faveur « de l'une d'elles ou une notoriété plus imposante, « ou des titres plus apparents, ou des faits plus vrai- « semblables. »

La jurisprudence de la Cour de cassation s'est prononcée, dans de nombreux arrêts, pour le maintien de la recréance (arrêt de rejet, 14 nov. 1832, 16 nov. 1842). L'arrêt du 14 novembre 1832 le consacre formellement, dans le considérant suivant : « Attendu que, sous l'empire de l'ancienne législa- « tion, lorsque sur l'action en complainte les deux « parties justifiaient qu'elles étaient simultanément « en possession de l'objet en litige, les tribunaux, « dans le silence de la loi, usaient d'un pouvoir dis- « crétionnaire, soit en renvoyant les parties à se « pourvoir au pétitoire, soit en ordonnant le séques- « tre, soit en donnant la recréance à celle des parties « qui avait le droit le plus apparent ; —Que ni le Code « civil, ni le Code de procédure, ne contiennent au- « cune disposition contraire à cette jurisprudence. »

En présence de pareilles décisions, il faut bien dire que la recréance a pris rang parmi nos institutions judiciaires ; mais est-on obligé d'ajouter, avec M. Dalloz, que la recréance est *très-heureusement introduite dans nos usages?* Faut-il dire, avec la Cour de cassation, qu'il n'y a rien dans les règles de nos codes qui soit inconciliable avec une telle pratique? — Nous ne le pensons pas ; et le système de la jurisprudence nous paraît pouvoir être l'objet des plus sérieuses objections. Renvoyer à se pourvoir au pétitoire deux plaideurs qui demandent qu'on juge entre eux la question de possession, c'est véritablement se rendre coupable de déni de justice. La recréance ne contient aucune décision sur la possession. Elle laisse tout en suspens, et pourtant la loi protége la possession, les juges de paix sont faits pour apprécier les faits de possession : de quel droit refuseraient-ils donc de rendre un jugement qui rentre dans la sphère de leur compétence?

La question de possession, dit-on, est obscure, les faits de possession se balancent ; mais, si égaux que soient ces faits en apparence, il y a toujours un côté vers lequel penche la balance, car il n'y a pas dans le monde deux choses absolument pareilles. Sans doute le juge de paix pourra se tromper, c'est un malheur qui peut arriver à tous les hommes ; mais son erreur ne sera pas irréparable : la voie de l'appel sera ouverte pour faire réformer son jugement. Puis, encore une fois, qu'importent tous ces raisonnements ? Il faut qu'il prononce parce qu'il est légalement saisi ; il faut qu'il prononce sur la possession, parce que la loi protége la possession, et ce n'est pas lui donner un moyen de se tirer d'affaire que de lui dire : Renvoyez les parties à se pourvoir au pétitoire ; le juge du pétitoire tâchera d'être plus heureux. Ce jugement pétitoire, les parties ont le droit de l'obtenir sans que le juge de paix le leur donne. Le possessoire et le pétitoire n'ont rien de commun : *nihil commune habet proprietas cum possessione.* Le plaideur a droit à deux jugements, et ce n'est pas lui donner satisfaction que de ne lui en accorder qu'un seul. Selon nous, le juge de paix doit prononcer et prononcer d'une façon définitive sur la question de possession. Il a à sa disposition tous les moyens de preuve possibles : titres, témoignages, présomptions de l'homme; il peut, jusqu'au moment où il sera suffisamment éclairé, ordonner le séquestre de la chose litigieuse aux mains d'un tiers. L'art. 1961 Code Nap. porte que « la justice peut ordonner le séques- « tre d'un immeuble dont la propriété ou la posses- « sion est litigieuse.» Mais, en fin de compte, il faudra qu'il prononce sur la possession, et il ne peut le faire qu'en l'adjugeant à l'une des deux parties.

M. Belime a soutenu que le juge de paix devait donner la possession aux deux parties. Mais quelle sera cette possession? Il est impossible de concevoir une double possession de l'intégralité d'une même chose. Posséder, c'est avoir une chose à sa libre disposition, pouvoir la déplacer, en user à sa fantaisie et non à celle de son voisin ; celui-ci ne la possédera donc plus, ne l'aura donc plus en son pouvoir. La libre disposition ou la possession totale d'une chose nous semble exclusive de toute concurrence. Ce sera donc une possession par indivis qu'adjugera le juge de paix ; mais une possession par indivis est celle dans laquelle les parties ne recueillent les avantages de la possession qu'en proportion de leurs droits. Or, ce droit, on ne le détermine pas, on ne veut pas le déterminer. — Puis, enfin, maintenir les deux parties en possession, ce n'est pas juger ce qui fait le fond de la question possessoire, ce n'est pas fixer les

rôles de défendeur et de demandeur pour le pétitoire ;
ce n'est véritablement que perpétuer un déplorable
état d'incertitude, source continuelle de voies de fait ;
car enfin, loin de réprimer la violence, ne l'encou-
rage-t-on pas en mettant ainsi chaque jour face à face
deux adversaires qui se disputent déjà la possession ?
— Ce système de M. Belime nous semble complète-
ment inadmissible.

SECTION V.

Des jugements sur les actions possessoires.

Le juge de paix doit prendre les motifs de son jugement dans les seuls faits de possession. Il ne peut
se fonder sur des raisons tirées du fond du droit, sauf
ce qui a été dit pour le cas où l'examen des titres est
nécessaire pour caractériser la possession elle-même.

Il statue sur la possession annale, soit en rejetant
la demande, parce qu'il la trouve mal fondée, soit
dans le cas contraire, en maintenant ou réintégrant
dans la possession de sa chose celui qui a été troublé
ou a été dépossédé violemment.

Il statue ensuite sur la restitution des fruits qui
ont pu être enlevés au possesseur légal par suite des
faits de trouble ou de la dépossession, sur le montant
des dommages-intérêts qui peuvent être réclamés,
enfin sur les frais du procès.

Le jugement possessoire a en outre pour effet de
régler le rôle des parties pour le pétitoire, et d'attri-

buer provisoirement au possesseur légal la jouissance de la chose litigieuse, jusqu'au jugement à intervenir sur le fond du droit.

Celui qui a été maintenu au possessoire a le bénéfice du rôle de défendeur dans l'action pétitoire ; d'où il résulte que c'est à celui qui a succombé au possessoire à faire la preuve de sa propriété ; s'il ne peut la faire, le possesseur doit être absous : *Actore non probante reus absolvitur.* Ce succès du possesseur est plutôt la conséquence du rôle qu'il joue dans l'instance pétitoire que le résultat même de sa possession. Il est bien vrai que c'est la présomption de propriété qui s'attache à sa possession annale, qui lui a valu le rôle de défendeur ; mais il serait faux de considérer cette présomption de propriété comme une présomption légale qui fût cause de son succès au pétitoire. La présomption légale est celle, dit l'art. 1350 du Code Nap., qui est attachée par une loi spéciale à certains actes ou à certains faits. Or, il n'existe aucun texte dans nos lois qui attache une pareille présomption au fait de la possession.

Et ce n'est pas subtiliser sur les mots que de dire que la présomption de propriété qui s'attache à la possession n'est pas une présomption légale. Si c'était une présomption légale, il faudrait dire qu'elle annule les autres présomptions légales qui pourraient la combattre. Or, il nous paraît certain que les présomptions de mitoyenneté qui résultent des art. 653 et 670 triompheront de la présomption de propriété naissant de la possession annale. Si l'art. 670 met en dehors de la présomption qu'elle établit le cas où il y a *titre ou possession suffisante au contraire*, il montre, en mettant la possession dont il parle sur la même ligne que le titre, que cette possession est la possession nécessaire pour prescrire, puisqu'il n'y a qu'elle qui soit équivalente à un titre. Sans doute la possession fait présumer la propriété ; mais seulement jusqu'au moment où le demandeur prouvera son droit par titres, par présomptions légales ou par les autres genres de preuves que comporte la cause.

. C'est ainsi que nous déciderions que l'avantage de la possession céderait aux présomptions même de l'homme, dans les cas où la loi admet ces sortes de présomptions, c'est-à-dire, aux termes de l'art. 1353 du C. Nap., *dans les cas seulement où la loi admet les preuves testimoniales.*

.Un autre effet du jugement possessoire, c'est que celui qui est maintenu ou réintégré dans la possession doit rester en jouissance de l'immeuble qu'il détient; continuer à récolter les fruits et à faire sur le fonds tous les actes de maître. — Toutefois, comme le jugement au pétitoire peut très-bien tourner contre lui, il agira prudemment en se bornant aux actes ordinaires de jouissance. S'il voulait innover, par exemple, démolir une construction, défricher une forêt, il s'exposerait à une action en indemnité de la part de son adversaire, vainqueur au pétitoire. — S'il aliénait, il exposerait ses acquéreurs à une éviction ; il s'exposerait lui-même à un recours en garantie de leur part. — De plus, nous croyons que dans tous les cas où ses actes pourraient constituer un abus de jouissance et compromettre le sort de la chose litigieuse, le juge saisi pourrait en ordonner la séquestration. L'art. 1961 du C. Nap. ne nous paraît laisser aucun doute à cet égard : il décide que « la justice peut ordonner le séquestre d'un immeu- « ble dont la propriété ou la possession est litigieuse « entre deux ou plusieurs personnes. » Il y a eu jugement au possessoire ; mais à la suite il y a débat sur la propriété, on est donc dans les termes de la loi, et le juge du pétitoire peut user du droit que lui confère cet article, sans porter atteinte à la chose jugée au possessoire. Sans doute la possession adjugée à l'un des plaideurs, emporte pour lui le droit de jouir de l'immeuble, le droit de le détenir provisoirement, mais le droit de jouir n'emporte pas le droit de détruire la chose ; et nous ne comprendrions pas que la justice appelée à statuer sur la propriété d'un immeuble pût rester désarmée en présence d'abus de jouissance qui ne tendraient à rien moins qu'à rendre son jugement inutile, en détruisant la chose même qui en fait l'objet.

Si le possesseur, au lieu d'abuser de la chose, l'améliorait, il devrait lui être tenu compte de ses dépenses, constructions, plantations, suivant les distinctions de l'art. 555 du C. Nap.

On s'est demandé si celui qui a été maintenu au

possessoire et qui a obtenu par ce jugement la restitution des fruits qui lui avaient été enlevés, et le
droit de percevoir les fruits à venir, pouvait être condamné par le juge du pétitoire à les restituer à son
adversaire.

L'art. 549 du C. Nap., nous paraît trancher la
question ; il décide que : « le simple possesseur ne
« fait les fruits siens, que dans le cas où il possède
« de bonne foi ; que, dans le cas contraire, il est tenu
« de rendre les produits avec la chose au proprié-
« taire qui la revendique. » — Donc, pour savoir si
le possesseur fait les fruits siens, il n'y a qu'une chose à examiner, une question de bonne foi. Ceci posé,
il est clair qu'il ne saurait y avoir de doute quant
aux fruits perçus avant la maintenue possessoire. Cette
maintenue possessoire a amené avec elle la restitution des fruits qu'on avait pu enlever au possesseur;
mais cette restitution est toute provisoire comme
celle de la possession, et elle n'a pu donner à la possession des caractères qu'elle n'avait pas : cette possession est restée ce qu'elle était, de bonne ou de
mauvaise foi, et le juge du pétitoire, seul compétent
pour en rechercher la nature à ce point de vue, décidera seul la question de l'attribution des fruits.

Quant aux fruits perçus depuis la maintenue possessoire, on a soutenu que le jugement possessoire
constituait pour le possesseur un titre qui l'autorisait à s'approprier les fruits, une chose jugée que l'on

violerait en ordonnant au pétitoire la restitution des fruits ainsi perçus.

Cette opinion nous paraît tout à fait inadmissible : le jugement possessoire rend-il donc le possesseur de bonne foi ? Car toute la question est là : « Le posses- « seur est de bonne foi, nous dit l'art. 549, quand « il possède comme propriétaire, en vertu d'un titre « translatif de propriété dont il ignore les vices. » Le jugement possessoire a-t-il ce caractère translatif de propriété propre à faire naître la bonne foi ? Il ne statue que sur un fait préexistant de possession et abstraction faite des caractères de cette possession. Comment aurait-il pour conséquence de faire croire au possesseur qu'il est de bonne-foi ? L'art 24 du C. de proc. défend au juge de paix de remonter au titre sur lequel repose la possession, d'entrer dans l'exa- men du droit au fond, chose nécessaire pourtant pour déterminer la nature de la possession. Donc, après le jugement possessoire, la possession est restée ce qu'elle était avant le jugement ; donc, si le possesseur n'apporte à l'appui de sa possession et pour la justi- fier, que le jugement lui-même qui l'a déclaré pos- sesseur, il doit être condamné à la restitution des fruits. « Il est tenu, dit l'art. 549, de rendre les pro- « duits avec la chose au propriétaire qui la reven- « dique. » La loi ne distingue pas, elle doit s'enten- dre aussi bien des fruits perçus depuis le jugement possessoire que de ceux perçus auparavant.

En cas de simple trouble donnant lieu à la complainte, l'exécution des diverses condamnations, qui peuvent être prononcées contre la partie qui a succombé au possessoire, peut être poursuivie par les voies ordinaires, mais en cas de spoliation, de dépossession violente, donnant lieu à la réintégrrnde, une voie d'exécution toute spéciale est mise à la disposition du possesseur. Le second alinéa de l'art. 2060 C. Nap. décide que la contrainte par corps a lieu « en cas de réintégrande pour le délaissement ordon- « né par justice d'un fonds dont le propriétaire a « été dépouillé par voie de fait, pour la restitution « des fruits qui ont été perçus pendant l'indûe pos- « session et pour le paiement des dommages-intérêts, « adjugés au propriétaire. » — Le Code appelle ici propriétaire le possesseur légal; c'est celui-là seul que le juge de paix peut réintégrer dans la possession: on l'appelle propriétaire, parce que sa possession légale le fait présumer tel. La contrainte par corps est obligatoire: le juge de paix est tenu de la prononcer pour la restitution des fruits, pour celle du fonds, pour le paiement des dommages-intérêts. — Les frais et les dépens sont en dehors des prévisions de l'article, il n'y a donc pas lieu d'ordonner pour leur recouvrement la mesure exceptionnelle de la contrainte par corps.

Les jugements sur les actions possessoires sont sujets aux mêmes voies de recours que les jugements ordinaires, et toujours à l'appel qui se porte devant le tribunal de l'arrondissement. Avant la loi du

25 mai 1838, c'était une question controversée que celle de savoir si, dans tous les cas, les jugements rendus au possessoire étaient soumis à l'appel. Aux termes des articles 9 et 10 de la loi du 24 août 1790, le juge de paix statuait en dernier ressort sur les demandes d'une valeur inférieure à 50 francs. Pour déterminer cette valeur, pour fixer le taux du premier et du dernier ressort, c'est un principe bien constant qu'on ne s'attache point au montant de la condamnation, mais au montant de la demande. On soutenait donc, au point de vue des actions possessoires que, lorsque le demandeur au possessoire avait conclu à des dommages-intérêts pour une somme inférieure à 50 francs, alors le taux de la demande étant déterminé et déterminé dans la limite tracée par l'art. 10 de la loi de 1790, le juge de paix pouvait statuer en dernier ressort sur cette action. On disait au contraire que si le demandeur avait conclu à des dommages-intérêts supérieurs à 50 francs, le juge ne statuait qu'à charge d'appel, et que si, enfin, il n'avait pas demandé de dommages-intérêts, comme alors la valeur de la demande était indéterminée, le juge de paix ne pouvait statuer qu'en premier ressort à charge d'appel. Tel était le singulier système que la Cour de cassation a consacré pendant un temps; on oubliait que la condamnation aux dommages-intérêts est une chose tout à fait accessoire au procès, dont le but direct est la maintenue possessoire ; les avantages de cette

maintenue, les avantages du rôle de défendeur au pétitoire, sont inappréciables. C'était donc mal raisonner que de ne tenir compte que du chiffre des dommages-intérêts pour trancher la question de la recevabilité de l'appel. Puis, à quelle conséquence bizarre n'arrivait-on pas ? Je demandais la maintenue d'un fonds, je pouvais appeler ; je demandais la même maintenue, plus 49 francs de dommages-intérêts, je ne pouvais plus appeler ; j'avais diminué l'importance de ma demande en augmentant mes prétentions, singulier résultat qui eût dû suffire pour démontrer la fausseté de ce système ! Aujourd'hui aucun doute n'est plus possible ; l'art. 6 de la loi de 1838 a consacré les vrais principes, en décidant que *les juges de paix ne connaissent qu'à charge d'appel des dénonciations de nouvel œuvre, complaintes, actions en réintégrande et autres actions possessoires fondées sur des faits commis dans l'année.*

POSITIONS.

—

DROIT ROMAIN.

I. — La possession est une condition nécessaire pour intenter la publicienne.

II. — Pour réussir dans la publicienne, il n'y a pas besoin d'être de bonne foi au moment où on l'intente.

III. — La publicienne se donnait aussi bien à celui qui a la chose *in bonis* qu'à celui qui en a la possession de bonne foi.

IV. — Le possesseur *pro emptore* n'a la publicienne qu'autant qu'il a payé le prix ou satisfait le vendeur, — à moins que celui-ci n'ait suivi sa foi.

V. — Dans le droit classique, le possesseur de

bonne foi devait-il restituer dans la revendication les fruits perçus et non consommés avant la litis-contestation? — Non.

VI. — La fille de famille pubère était-elle capable de s'obliger? Oui, en principe.

VII. — Le pupille qui contracte sans l'*auctoritas tutoris* s'oblige-t-il naturellement? — A cet égard les jurisconsultes romains n'étaient pas d'accord.

VIII. — Le possesseur de mauvaise foi ne peut pas opposer l'exception de dol au demandeur qui refuse de lui rembourser la plus-value de ses impenses utiles.

DROIT FRANÇAIS.

I. — Pour intenter la réintégrande il faut avoir la possession annale.

II. — La dénonciation de nouvel œuvre se confond avec la complainte, elle peut être intentée même après l'achèvement des travaux.

III. — L'action possessoire est applicable aux universalités de meubles.

IV. — La recréance ne peut plus être ordonnée dans notre droit actuel.

V. — Le droit du preneur est personnel et non réel.

VI. — L'art. 315 du Code Nap. a-t-il conféré aux juges un pouvoir discrétionnaire? — Non.

VII. — Les servitudes continues et apparentes peuvent-elles, avec titre et bonne foi, être acquises par la prescription de dix ou vingt ans? — Oui.

VIII. — L'art. 2161 du Code Nap. est applicable même à l'hypothèque légale de la femme mariée.

DROIT ADMINISTRATIF.

I. — La demande faite par le maire de la délivrance d'un legs fait à la commune avant l'acceptation du legs par l'autorité supérieure, fait courir les intérêts, au profit de la commune, du jour où elle a été formée, et non pas seulement du jour du décret impérial qui a autorisé l'acceptation.

II. — Les conseils de préfecture ne sont pas juges de droit commun en matière administrative.

III. — La propriété des églises et des presbytères n'appartient pas aux fabriques.

HISTOIRE DU DROIT.

I. — L'annalité de la possession juridique, dans notre droit français, a une origine germaine.

II. — L'origine de la garde noble est toute féodale : elle se trouve dans le droit de bail.

DROIT DES GENS.

I. — Les armements en course sont légitimes.

II. — Le jugement rendu à l'étranger entre étrangers, a, en France, force de chose jugée : il ne lui manque que la force exécutoire ; — mais il n'a, en France, ni force de chose jugée, ni force exécutoire, lorsqu'un Français a été partie au procès.

DROIT CRIMINEL.

I. — La subornation de témoins est punissable même lorsque le témoin, ayant repoussé les offres à lui faites, a déposé selon la vérité.

II. — La circonstance que des effets mobiliers sont

la propriété de plusieurs, n'exclut pas l'action de vol contre celui qui les a soustraits au préjudice des autres.

Permis d'imprimer :

Le Vice-Recteur,

CAYX.

Vu par le Président de la thèse,

VUATRIN.

Vu par le Doyen de la Faculté,
C. A. PELLAT.

www.ingramcontent.com/pod-product-compliance
Ingram Content Group UK Ltd.
Pitfield, Milton Keynes, MK11 3LW, UK
UKHW020558230726
13926UKWH00005B/2090